Stories of
the Rise of China

讲述
中国崛起
的故事

经济学家
的来信

李晓鹏 著

Letters from the
Economist

中国出版集团 东方出版中心

图书在版编目（CIP）数据

经济学家的来信 ： 讲述中国崛起的故事 / 李晓鹏著 .
上海 ： 东方出版中心，2025. 3. -- ISBN 978 - 7 - 5473
- 2672 - 5

　　I. F124 - 49

中国国家版本馆 CIP 数据核字第 2025RZ4947 号

经济学家的来信：讲述中国崛起的故事

著　　者　李晓鹏
策　　划　李　琳
责任编辑　韦晨晔
封面设计　钟　颖

出 版 人　陈义望
出版发行　东方出版中心
地　　址　上海市仙霞路345号
邮政编码　200336
电　　话　021-62417400
印 刷 者　上海万卷印刷股份有限公司

开　　本　890mm×1240mm　1/32
印　　张　9.125
字　　数　150千字
版　　次　2025年6月第1版
印　　次　2025年6月第1次印刷
定　　价　58.00元

序　言

　　大约一年前，我收到大学时期的好兄弟老林的来信，许久不联系，一聊起来却仿佛昨日才分别。我们重温了往日的许多趣事，也向彼此介绍了自己的近况，言谈间，老林聊起了自己的孩子小林，言语中满是自豪。

　　记忆中尚在襁褓中的小林，如今也已经长成聪颖阳光的中学生了。他自小生长在海外，虽然爸爸妈妈都是中国人，但却除了中国菜和并不十分流利的普通话外，对中国知之甚少。通过一些短视频平台上网友们的分享，他逐渐对有关中国的方方面面产生了好奇，每天都会向爸爸妈妈提出各种各样的问题。可老林和太太离开祖国已有十余年，许多事情，他们也已经答不上来了。

　　用老林的话说，他就是在某一天早上刷牙的时候，想到了我：我跟他大学时学的都是经济学，都曾到海外学习，不同的是最后他留在了海外，我回到了祖国。老林相信我的所见、所闻、所感，可以帮助小林，在他人生学习与成长的关键时刻，补上有关祖国的重要一课，想让我通过网络跟他聊聊中国近些年的发展。我十分理解老同学的一片苦心，也想到，正好可以通过这个方式积累一点文字。

我想起白居易写诗"老妪能解"的典故：传言他每写一首诗，都要让一位文化程度不高的老太太先看，只有这位老太太能读懂了，说明字词文字通晓明白，才会发表，否则就要继续修改。我也可以学习古人，让这个十多岁的小朋友来当我的"第一审稿人"。若我能把中国经济讲的他都能看得懂，说明我是真把问题讲明白了，可以拿来给读者朋友们看。

一年十二月，每月2—3次来回，翻开收件箱，我和小林之间的通信竟然不知不觉间积累了近三十封。我选出了一些叙述连贯、完整的信件，把信中的个人信息、闲聊寒暄隐去，加以整理综合，做成了一个以信件的方式呈现的"故事集"，围绕"中国崛起"的概念，讲述与之相关的各种小故事，相信会有很多小读者爱看，对非经济专业的成人读者也会有所启发。

中国经济崛起是一幅波澜壮阔的画卷，这些有限的信件中，只涉及了冰山一角。然而，即便只摘取几个微小的细节，其内容也丰富得让人惊叹。要理解中国经济崛起的力量源泉，需要广阔的视野、深远的目光，它与十多亿人的共同努力息息相关，又和中国数千年的历史密不可分。各种试图只用一个教条来解释一切问题的理论，都一定是狭隘的。这本书讲了很多故事，有新鲜事，也有不少陈年典故，故事背后的道理不尽相同。围绕着这些道理，诸多经济学派争论不已，在我看来，背后又都是息息相通的。

本书的论述中，结论是开放性的，我一边讲故事、一边分析，把各方面的观点都理一理，引导读者们去自主思考。人文社会科学的智慧，与理工科不同。前沿的经济学知识，研究它的过程可能很复杂，但最后得到的结论应该是能够"直指人心"的。因为它关心的对象是人，以及由千千万万普通人所组成的社会。这二十一篇故事，最初是写给小林的，但我希望把它们献给对中国的发展感到好奇的每一个人。希望我所提供的信息与观点，会带来许多有益的启发；更希望读者们在读了我的信后感到意犹未尽，去探知更广阔的经济学世界，去进一步探索理解伟大的中国崛起。

目 录

第一封信：鱼子酱的故事（1）

小林，你好：

你的邮件我收到了。你在海外长大，却对祖国经济的发展有这么浓厚的兴趣，让我感到很高兴。

如你所说，中国经济这些年来的高速增长震惊了世界，不仅我们对此感到骄傲，许多海外华人也引以为豪。

你可能不知道，中国曾经是世界上最穷的国家之一，1949年以前，在长达七八十年的时间里，屡屡遭受外敌入侵。包括英国、法国、美国、俄国、日本等在内的诸多强国都曾经侵略过中国。国内也是连年战乱，中国人民连基本的生命安全都无法保障，经济发展更是无从谈起。

1949年，中华人民共和国成立，人民才得以过上和平安宁的生活。为了彻底终结被外国侵略的历史，我们的政府决定集中力量发展国防军事力量。我们自行研制出了原子弹、氢弹、洲际导弹、核潜艇等先进武器，还发射了人造卫星，建设了许多兵工厂，生产战斗机、大炮、坦克等普通武器。我们新建了很多冶金和化工企业，它们的产品——钢铁、汽油、塑料、炸药等也大量地被用于生产武器。这样，用于改善人民生活的投入就相对比较少。此外，作为一个刚刚实现基本统一的国家，我们的政府对如何发展经济也缺乏经验，走了一些弯路。所以，在1949年到1978年的几十年里，人民生活改善的速度比较慢，经济发展也不算快。但是，这30年的建设取得了很多成就，为后来的经济腾飞打下了很好的基础。

中国经济真正的"起飞"，也就是走上高速发展的道路，是在1978年以后。从1978年到2017年的40年里，中国经济平均每年的增速超过了9%，是世界上经济增长最快的国家。现在中国是世界上数一数二的大国。2022年，中国经济总量按照汇率来算是世界第二，只比美国低大约20%；如果按照货币购买力来算，是世界第一，比美国高大约20%。70年前，我们是一个落后的农业国，现在我们是全球第一大工业国，发电量全球第一、高速公路里程全球第一、高速铁路里程全球第一、网络消费总量全球第一、汽车保有量全球第一、贸易出口量全球第一。像中国这么大的国家，在这么长的时间内，经济这样快的增长，在人类历史上还从未出现过。这是一个不折不扣的经济奇迹。

今天，中国制造的商品卖到了全世界，出口量比美国、日本、英国、法国、德国这些传统强国都要多。就像你说的，在国外到处都可以看到来自中国的商品，从超市里的各种生活用品，到充满了高科技色彩的手机、电脑、无人机，再到最新式的电动汽车，"中国制造"已经无处不在。Tiktok、TEMU、SHEIN等源自中国的手机应用也在全世界大受欢迎。你一边为此感到高兴，一边又很好奇：为什么会这样？这个你父母所出生的国家，这些与你一样黄皮肤、黑眼睛的人们，是如何创造出这样的奇迹的呢？

这个问题非常复杂。中国是一个很大的国家，有十多亿人口，有九百多万平方公里的土地，有极为悠久的历史。即使是最厉害的经济学家，也不敢说自己能把中国经济说清楚。甚至还有人认为，现有的经济学理论，根本就无法解释中国经济奇迹，必须创造一种新的理论，才有可能成功。还有人说，谁要是能把这个问题回答好，谁就能获得诺贝尔经济学奖，甚至能成为与亚当·斯密、约翰·凯恩斯等人相提并论的伟大经济学家呢。

真的是这样吗？我也不知道。不过，先不管那些复杂的理论，我先给你讲几个中国经济的小故事，帮助你快速理解一些基本的道理吧！

我要讲的第一个故事，是一种特殊的美食——鱼子酱的故事。

鱼子酱是一种用鲟鱼卵制成的食物，在欧洲、美国等地非常受欢迎，顶级的鱼子酱一克就要几百元，一公斤就要几十万

图1 鱼子酱

元。做好的鱼子酱，看起来就像一堆黑色的小珍珠，被称为"黑色黄金"。它的制作工艺并不复杂，把鱼卵——也就是鱼子——从鲟鱼肚子里取出来洗干净，然后用盐腌一下就好了。位于欧洲和亚洲交界处的里海以及伏尔加河流域，是野生鲟鱼的主要栖息地。里海和伏尔加河沿岸的俄罗斯、伊朗，长期以来都是最主要的鱼子酱生产国。西方和中东地区的人们食用和生产鱼子酱，已经有两千多年的历史了。而我们中国人，既没有吃鱼子酱的传统，也没有生产鱼子酱的传统。看起来，它跟中国没有什么关系。

但是，这两千多年的历史在不到二十年的时间里就被完全改变了。2006年，一家叫"鲟龙科技"的中国公司试图在欧洲销售其生产的鱼子酱。公司老板叫王斌，带着400公斤鱼子酱样品去法国推销，结果连1克都没卖出去。中国从来没有出口过鱼子酱，法国人也根本不相信中国人能生产出合格的鱼子酱。

王斌并不因此气馁，从伊朗、俄罗斯等国引进了一批鱼子酱专家，改进产品品质，以较低的价格销售。2011年，德国汉莎航空在全球公开招标，寻找鱼子酱供应商，"鲟龙科技"再次出战。汉莎航空采取"盲测"的方法，让专业人士在不知道品牌的情况下品尝鱼子酱，选出最优产品。当时，和"鲟龙科技"一起竞争的有：俄罗斯品牌"黑珍珠皇冠"、意大利品牌"鱼子酱之家"，以及法国、瑞士等国的老牌供应商。经过两轮盲测，"鲟龙科技"的鱼子酱竟然拿到两次第一名，汉莎最终决定，将"鲟龙科技"列为唯一官方指定鱼子酱供应商。

"鲟龙科技"在国际上打开了鱼子酱市场，中国很快就出现了很多新的鱼子酱生产企业。经过十多年的努力，到2019年，中国的鱼子酱产品竟然占据了全球超过70%的市场，出口量超过了200吨。也就是说，中国从零开始，只用了十多年就成了全球第一大鱼子酱生产国，而且比伊朗、俄罗斯的产量加起来还要超出一倍多。现在，连俄罗斯也大量从中国进口鱼子酱了。曾经傲慢拒绝中国鱼子酱的法国人，也接受了来自中国的高端鱼子酱。据美国《时代》周刊网站2017年12月20日的报道，法国首都巴黎顶级的26家餐厅，其中21家都已使用中国鱼子酱来招待客人。"全世界最好的鱼子酱在中国"已经成为业界共识。

由于有了大量物美价廉的中国产鱼子酱进入市场，鱼子酱的价格也迅速下降，价格只有之前的十分之一甚至更低，现在几十元就能买到一盒。鱼子酱也就从"黑色黄金"变成了普通老百姓都吃得起的家常美味，可以说是"旧时王谢堂前燕、飞入寻常百姓家"了。全世界喜欢吃鱼子酱的人们，都因为中国鱼子酱的出现而获益。

这看起来是一件相当令人兴奋而又非常不可思议的事，不是吗？

世界上生产鱼子酱的国家有很多，为什么几乎完全没有鱼子酱生产和消费的中国，可以只用20年左右的时间就能从零开始而一跃成为全球老大？我觉得，这里边就隐藏着一些中国经济成就的关键答案。

鱼子酱价格高昂，主要是因为产量稀少。鲟鱼不能人工饲养，只能捕猎野生鲟鱼、杀鱼取卵。鲟鱼产卵对水的要求很苛刻，水的含盐量要控制在1%—2%之间，水温度在15—25摄氏度之间，水中溶解的氧气含量在每升6到8毫克，高了也不行、低了也不行，还要求水质干净清澈无污染等等。此外，鲟鱼对食物的要求很苛刻，幼鱼和成年鲟鱼的食物差别很大，不同生长阶段的鲟鱼饲料的换食也是一个大难题。

世界上有很多国家在研究鲟鱼的人工养殖技术，但中国率先取得了突破。中国水利部下属的水利水产科学研究院（简称"水科院"）从20世纪80年代就开始研究鲟鱼的人工养殖技术，到1997年基本解决了鲟鱼人工养殖的关键技术难题。

技术研究成功，接下来该做什么呢？就是大批量生产。

水科院经过挑选，选中了浙江的千岛湖作为鲟鱼大规模人工养殖的试验基地。千岛湖是一个巨大的人工湖泊，它不是自然形成的。它的原名叫"新安江水库"，兴建于1955年到1960年。1949年中华人民共和国成立以后，政府为了解决浙江和上海地区长期缺电的问题，在这里选址修建了一座巨大的水电站。它也是新中国自主设计、自行建设的第一座大型水电站。水电站的水坝高达105米，蓄水发电以后，就在这里形成了一个面积达580平方公里的巨大湖泊。湖中许许多多美丽的小岛，其实就是一座座被淹没了底部的小山头。水库把"千峰"变成了"千岛"。"千岛湖"因此得名。千岛湖因

图2　千岛湖

为水很深、面积又大，可以常年保持比较低的水体温度，周边环境优美，水的质量也保持得很好，是人工养殖鲟鱼的绝佳选择。

为了修建新安江水库和水电站，光是进行地质勘探的技术人员，中国政府就动用了3 000人，又从全国各地调集了10万劳工，经过1 000多个日日夜夜的奋战才把它建成。水库会淹没许多人的土地和房屋，建设之前，有29万本地居民需要搬迁，政府还要为他们建设新的住房。那时候，中国距离大规模战争结束才几年时间，国内可以说是百废待兴。但我们的政府决心投入巨大的人力物力来建设这座水库。因为，水库和电站的经济效益非常大。

电站修好以后，浙江、上海地区的发电量增长了十倍。上海位于长江入海口，是中国的经济中心、航运中心和对外贸易中心，当时还是工业中心，对电力的需求量非常大。有了这样巨大的水电站，上海及其周边地区的工业、商业、航运等才能迅速发展。

此外，水库可以在暴雨频发的季节蓄水，在干旱少雨的季节放水，大大减少了新安江下游地区的洪涝灾害，有防洪的效果。它还解决了浙江周边地区人民的"吃水难"问题。在水库建成之前，浙江许多地方的人民只能喝地下水，由于这里靠近大海，地下水往往又苦又咸。有了这样一个巨大的水库，周边千千万万的老百姓才能喝上干净卫生的淡水。

千岛湖风光秀美，许多人到这里游览，规模庞大的旅游产业便发展起来，周边居民为游客提供住宿、餐饮等服务，可以从中赚钱致富。水库里还可以养鱼。至于在水库中人工养殖鲟鱼，制造鱼子酱，则是水库建成40年之后的事情了。

像新安江水库——也就是"千岛湖"——这样投入巨大、影响范围巨大、使用时间长达几十年甚至更长的工程，我们就把它称为"基础设施"。铁路、机场、公路、大型桥梁、电站等等，都是基础设施。

中国鱼子酱产业的出现，有两个最基本的条件：基础技术和基础设施。基础技术，就是水科院研发的鲟鱼人工养殖技术，它是养育鲟鱼和制作鱼子酱的基础；新安江水库这样的大型水库，就是养鱼的基础设施。如果仅仅为了养殖鲟鱼，修建这样巨大的水库，显然是得不偿失的，只有把发电、泄洪、供水、旅游、养殖等多方面的好处都算进来，它才是"划算"的。

世界上，像中国一样，能够自主设计、自主建设像新安江水电站这样大型的水利基础设施，同时又能在鲟鱼人工养殖这样的基础技术领域持续几十年投入进行研发的国家有多少呢？里海周边国家的鱼子酱产业发展了上千年，始终没有研发并突破鲟鱼人工养殖技术，没有修建起像新安江水电站这样巨大的水利工程。但中国做到了，这是我们能够在鱼子酱领域打破千年格局，迅速成为世界第一的根本原因。

我们今天能吃上物美价廉的中国产鱼子酱，首先就要感谢六十多年前辛苦修建水库的先辈们，感谢三四十年前就开始研发鲟鱼养殖技术的科学家们——他们的长远目光和艰苦奋斗为我们今天的美好生活打下了扎实的基础。

但是，只有基础设施和技术，还远远不够。从实验室到餐桌，这条道路还非常非常远。鱼子酱的故事才刚刚开始。就在2003年，水科院联合多家机构成立"鲟龙科技"公司，在千岛湖开始养殖鲟鱼之后的第二年，就发生了一件很糟糕的事——原本水温常年稳定的千岛湖，持续高温干旱，水温迅速上升，超过了鲟鱼生存的极限，湖中养殖的鲟鱼开始大批量死亡，眼看中国的鱼子酱产业还没有起步就要消亡了。

面对危机，中国鱼子酱产业的先行者们是怎么做的呢？他们用什么方法，让鱼子酱生产技术，从实验室里的成果最终走向商业上的成功呢？我想你一定是很感兴趣的。但今天这封信已经够长了，我也一直写到了深夜。等我忙完手边的工作，在下一封邮件里再给你细细道来吧。

祝你生活愉快、学习进步。

第二封信：鱼子酱的故事（2）

小林，你好：

这个周末我又有些空闲的时间了，继续给你讲中国鱼子酱的故事吧。

上一封邮件里说，千岛湖的鲟鱼养殖刚刚开始，就遇到了历史罕见的高温，湖水温度高达35摄氏度，而鲟鱼生活的适宜温度在25摄氏度以下。千辛万苦养大的鲟鱼成批地死去，在最热的两个多月里，鲟龙科技的员工们每天能做的只有一件事——在湖边捞死鱼，再挖坑埋起来。公司副总经理、技术总监等许多人觉得非常绝望，相继辞职离开了鲟龙科技。

如果问题得不到解决，公司就只能破产了，各方面的投资也会血本无归。情急之下，总经理王斌想了一个办法：买一批水泵，从15米以下的深水中把水抽上来，再灌回到湖里。因为鲟鱼是装在网箱里，再放进湖水里饲养的，很难把网箱放得很深，15米就是极限了。而千岛湖的水有几十米深，深处水的温度比较低，被阳光烤热的主要是10米以内的浅层水体。

通过水泵抽水，再加上往湖水中投放冷冻液氮降温，算是可以勉强控制了水温。接下来，创业者们专门在一个小岛上挖了一个大水池，每到夏天来临之际，就把湖水中的鲟鱼都转移到这个水池中，然后抽取深层湖水不停地给水池换水。这样，终于解决了夏天水温过高的问题，使鲟鱼存活率达到了97%。

三年后，创业者们又遇到了一个在实验室中没有想到过的难题：如何快速区分鲟鱼的性别。

能够产卵的只有雌性鲟鱼。鲟鱼在3岁以前无法区分性别，到3岁以后才可以区分，但在外观上看不出来，需要一条一条地解剖才能加以区分。从小养殖的鲟鱼到了3岁，一半是雌性、一半是雄性。养鱼要占用网箱，要投喂饲料。如果能够只饲养雌性鲟鱼，就可以大大地降低成本。反之，如果雌性和雄性一起养，就意味着有一半的鱼不能产卵，饲养成本直接

图 3　养殖场工人手捧鲟鱼

翻倍，公司还是会亏损。

　　这个问题在水科院研究鲟鱼养殖的时候没有考虑到。搞研究的时候，只花钱不赚钱，饲料成本高一些不重要，不需要考虑雌雄混养带来的成本问题，只要都养活了，然后找到雌性鲟鱼取出鱼子就算成功。而公司要活下去，就必须赚钱——卖出去的鱼子酱的价格必须比养殖鲟鱼取卵的成本低。这样，能否在鲟鱼3岁的时候迅速区分它们的性别，然后把雄性鲟鱼放走，网箱中只饲养雌性鲟鱼，就成了决定公司成败的一个关键技术问题。

　　水科院之前在这方面缺乏研究，为了尽快解决问题，鲟龙科技就花大价钱从匈牙利请来了鲟鱼研究方面的专家，又购买了新的设备，通过给鲟鱼"做B超"——也就是超声波检测——的办法来快速进行性别鉴定。问题解决了。

　　到了2006年，在湖里养了7年的第一批鲟鱼终于生长成熟，可以产卵了。创业者们用第一批鲟鱼的鱼卵做了第一批鱼子酱，拿到法国去推销。推销的结果，我在前一封信跟你讲过——1克都没有卖出去。

　　鱼子酱的制作工艺看起来很简单——往鱼卵里边放一点盐腌制一下就可以了。但有两个环节很麻烦：一是清洗筛选合格鱼子——鱼子的膜非常薄，一不小心就会被弄破，但如果不认真进行筛选清洗，出来的产品又不合格；二是鱼卵的形状大小不同，需要放的盐的重量也不同，稍有差错，做出来的鱼子酱味道就会差一些。这些工艺细节我们不清楚，法国消费者就不会喜欢吃中国产的鱼子酱，中国鱼子酱在欧美就卖不好。

法国客户虽然没有买鲟龙科技的第一批鱼子酱，但很友好地提出了改进的建议：要让鱼子酱的品质符合欧美消费者的口味，就应该向有着悠久鱼子酱生产历史的伊朗和俄罗斯人请教。鲟龙科技又从伊朗和俄罗斯聘请了很多鱼子酱专家，指导完善工艺流程。

迈过了这么多"门槛"以后，中国产的鱼子酱才开始逐步被国际市场接受，一点一点发展起来。

你看，从水科院突破鲟鱼养殖技术，到中国产的鱼子酱摆到消费者的餐桌上，差不多用了10年的时间，经历了许许多多的艰难险阻，很多很多人为之付出了心血和汗水：决定和组织修建新安江水库的是政府官员，或者说公务员，他们是政治家；研发鲟鱼淡水养殖技术的是水科院的科学家，以及解决鲟鱼性别快速鉴定难题和鱼子酱制作工艺的外国专家，他们是科研人员；还有建设水库和辅助鲟鱼日常养殖、制作鱼子酱的许许多多一线工人，他们是辛勤的劳动者。

此外，鲟龙科技成立的时候，找了很多家机构来投资，有国内的也有国外的。这些机构给了"鲟龙科技"很多钱用于养殖和生产——鲟鱼养殖的前7年不能产卵，必须要有人先给钱买鱼苗、买饲料、买网箱、买设备、给工人和技术专家发工资……支持公司运作7年以上，然后才有希望通过卖鱼子酱赚钱。鱼子酱卖出去赚到钱了，这些机构才能把钱收回来，乃至获利；但万一要是鱼子酱生产不出来，或者生产出来了卖不出去，这些机构的钱收不回来，就会损失惨重。这些承担投资风险的机构和在它们背后决定是否给鲟龙科技投资的人，我们称之为投资者。

还有很关键的一个人——鲟龙科技的总经理王斌。他原来是水科院研究所的一个技术人员，在研究所里过着按月领工资的生活，原本十分舒服。但为了让鲟鱼人工养殖技术变成老百姓餐桌上的美食，他放弃了在水科院的工作，冒着巨大的风险出来创立鲟龙科技公司。如果鱼子酱卖不出去，公司亏损，他个人7年的辛苦努力就会白费，还要失去一份收入稳定的工作。王斌作为公司创始人，负责把鲟鱼养殖的技术、新安江水库的自然资源、投资人给的钱、从国外聘请的专家、购买的设备厂房，还有公司招聘的工人等资源组合起来，确保最后能生产出"有利可图"的鱼子酱。这种负责把各种经济资源组织起来、生产出有用的商品并卖出去赚钱的商业组织者，我们称之为企业家。

2022年，中国的出口总额是24万亿元人民币。其中鱼子酱出口是大约4亿元，占中国出口总额的比例，连万分之一都不到，只有大约6万分之一，小到几乎可以忽略不计。但中国经济的崛起，就是由这么一个个看起来极小的商业成功组成的，积少成多、聚沙成塔，才有了世界第一大出口国、40年经济持续高速增长的成就。

鱼子酱这么小的一个产业成功的背后，也是劳动者、公务员、科学家、企业家、投资者等各方面共同努力的结果。几乎所有拉动中国经济增长的商业活动，都是这样获得成功的。

在经济学中，我们把投入经济生产中的各种资源，叫作生产要素。劳动者贡献的生产要素，是劳动能力或者说劳动力；科学家、技术人员贡献的生产要素，是技术或者说知识；投资者贡献的要素，是资金。

政府贡献的要素是什么呢？从鱼子酱这个例子来看，政府提供了千岛湖水库用于养鱼，水库占用了土地，水库的水是一种宝贵的自然资源。政府修建水库不是为了赚钱，是为了给周边地区的人民提供电力、水等，经济学上把政府为了满足公众利益而做的事情，称为"公共服务"。也就是说，政府在经济生产中负责提供公共服务，修建水电站、公路等基础设施就是一种非常重要的公共服务。中国是社会主义国家，土地和自然资源归国家所有，由政府根据公共利益来决定如何使用。所以，中国政府还为经济活动提供土地、自然资源等生产要素。

像王斌这样的企业家，他们在经济生产中负责提供什么

要素呢？他们要把自己的才能用于组织资金、土地、劳动力、技术等各种资源，把这些生产要素组合起来，生产出物美价廉的新产品并且想办法卖出去。这种组织生产、开拓市场销售渠道的能力，经济学上称为"企业家才能"，是一种非常特殊的生产要素。

除此以外，还有一种比企业家才能更特殊的生产要素，它看不见摸不着，却对经济发展起着至关重要的作用。它叫作制度。什么叫制度呢？就是一个社会运行的基本规则，它主要由这个国家的法律、政策规定，也包括一些重要的惯例、礼节、风俗等。

制度是经济活动运行的基础。比如，几乎所有的国家法律都规定，偷盗或者抢劫他人财物是违法犯罪行为，公安机关会抓捕小偷和强盗，并通过法院审判把他们送进监狱。这就是一个制度。你想，如果没有这个制度，我们个人或者企业公司的财产，可以被人随意地偷盗或抢劫，那就不会有人辛苦地去生产和销售产品了，因为生产出来也会被偷走或者抢走。

除此以外，几乎所有的国家法律都会规定：写在书面上的文字，经过个人签字同意或者公司盖章同意的，签字的人和盖章的公司就必须遵守，不然就要遭到惩罚。这种经过签字盖章的文字，一般叫作合同。如果鲟龙科技公司要招聘工人，就会跟工人签订一个劳动合同，规定工人每天工作八个小时，只要完成任务，公司就要向工人按月支付工资，超额完成任务的，还要另外支付奖金。鲟龙科技公司只要在合同上盖章了，工人们工作一个月后，就要按照合同约定支付工资和奖金。如果鲟龙科技到时候没有给工人们发工资和奖金，这就违反了合同，工人们可以去找政府或法院。政府和法院就会根据法律规定，强制公司支付工资和奖金，而且一般还会对公司进行罚款，以惩罚它这种违反合同的行为。如果鲟龙科技公司跟德国的汉莎航空公司签订了一个鱼子酱的买卖合同，合同规定鲟龙科技向汉莎航空每个月提供200公斤的鱼子酱，汉莎航空收到鱼子酱后一周之内向鲟龙科技公司付钱。如果汉莎航空收到鱼子酱之后不付钱，鲟龙科技也可以去找法院要求强制执行，而且还可以要求汉莎航空多付一点钱，这个多付的钱就被称为"违约金"。

显然，只有合同能够被保证执行，一个社会的经济活动才能正常进行。如果一个社会，公司可以随意拖欠甚至不支付工人的工资，买方在收到货物以后可以随意拖欠甚至拒绝付钱，那么，工人们就不会专心工作，公司也无法安心生产。各种保证合同能够被遵守的法律，构成了合同制度。合同制度也是社会经济运转的核心制度之一。

不过，签订合同需要双方谈判，一方违反合同，另一方还得去法院起诉。整个过程需要花费很多时间和精力。如果每一笔交易都要签订合同，也会让经济活动变得很麻烦。我们去超市买东西，就不需要签合同，一手交钱一手交货就可以了。此外，合同上的文字有限，能包括的情况也有限，而现实生活中的情况总是复杂多变的，很多事情会超出合同规定的范围。这些情况下的经济活动，就不能只依靠合同制度了，还需要一种不成文——也就是没有变成文字写在纸上或记录在电子文档里——的规则。这种规则就是道德。道德很难由法律规定，也很难由政府或者法院来保证执行，主要是靠个人的道德和社会舆论的监督。比如，我找你借了一万块钱，还写了借条，上面写了一年后归还。这个借条就相当于一个文字合同。但借钱一个月以后，你家发生了火灾，借条被烧毁了，你没有办法证明曾经借钱给我。这个时候，法律就没法强制让我还你钱了。钱是否归还，就只能依靠我个人的道德。而我是一个讲诚信的人——也就是我认为讲诚信是个人必须遵守的一条道德规则，就算借条被烧了，也会按时还钱。如果一个社会讲诚信的人很多，经济交易就会很方便、很顺利，大家可以放心地做生意；反之，如果一个社会不讲诚信的人很多，凡事不签合同就没法交易，大家就会把很多精力放到谈判合同细节上，一些很小的交易也要围绕合同细节争论很久才能放心，这个社会的经济运行就会效率低下。

总之，经济活动需要投入许多的生产要素，然后生产出产品，再在市场上按照一定的价格进行交易——也就是买卖。交易完成后，这些产品就会被消费掉——比如鱼子酱就会被消费者吃掉。这样，一轮经济活动就结束了，它包括了投资、生产、交易、消费这么几个重要的环节。消费者花钱买了鱼子酱，然后把它吃掉，鱼子酱厂家赚到了钱，又把这些钱拿去买鱼苗、买鱼饲料、给工人发工资……进行新一轮的要素投入和生产，经济活动就这样一轮一轮地进行着。无数的产品被生产出来，生产的产品越多，一个社会的经济产出就越大。我们说的中国经济奇迹，就是说过去几十年，中国生产的产品越来越多，增长速度远远超过了世界平均水平。

每一种生产要素，都会由一些人或者机构掌握。普通劳动者，掌握着"劳动力"这种生产要素；银行、基金等金融机构掌握着"资金"这种生产要素；科学家、技术人员，或者由这些人组成的研究机构，掌握着"知识、技术"这种生产要素；企业家掌握着"企业家才能"；政府掌握着土地、自然资源、公共服务、法律制度这样的生产要素——土地和自然资源通过买卖，也可能会被其他人或者机构掌握，但在中国，主要还是由政府掌握。

什么叫经济学呢？经济学，是这样一门学问：它研究如何才能让经济活动中的这些参与者们互相合作、让各种生产要素尽可能高效率地组合，尽可能多地生产出有用的产品，并通过分配、交易让这些产品被人们享用，提高大家的生活水平，让更多的人能够享受到更美好的生活。

简单来说，经济学，就是一门关于生产组织、交易分配、消费生活的学问。

中国经济的崛起，就是我们中国这十几亿人，能够比其他国家更好地进行生产合作，让各种生产要素更高效地组合起来，生产出更多的产品。最后的结果，就是中国经济持续高速增长，中国人民的生活水平也越来越好。

中国鱼子酱产业的故事，包含了许多中国经济崛起的关键因素：中国政府组织建设基础设施等公共服务的能力更强，能独立设计和建设新安江水库这么大的水利工程；我们拥有富有创新冒险精神的企业家，敢于为了商业理想辞去稳定的工作，到远离都市的水库边上去养鱼创业；我们有很多吃苦耐劳的劳动者，在夏天顶着酷暑，把鱼捞出来，转移到小水池里；我们有很棒的科学家和技术人员，能解决鲟鱼养殖的一系列技术难题；我们有很好的经济制度，让这些人能聚在一起为了同一个目标——做出物美价廉的鱼子酱——而努力工作。当然，即使是鱼子酱这么小的一个行业，完全靠我们自己也是不行的，我们还必须要有虚心向外国学习的心态和对外开放的制度：快速鉴定鲟鱼性别需要欧洲科学家的帮助，需要购买外国进口的超声波设备；鱼子酱的腌制细节需要伊朗和俄罗斯专家的指导。此外，鲟龙科技建立的时候，还得到了一大笔来自美国的投资。所有这些力量——基础设施、公共服务、企业家才能、科学技术、劳动力、资金……聚焦到鱼子酱这么一个细微的点上，才从无到有造就了一个年产值大约4亿元的产业。

理解了这个基本的道理之后，我们再带着这一点点经济学思维，去看更多关于中国经济崛起的故事，就能从中领悟到更多、更深刻、更有益的知识了。

今天就聊到这里，咱们下次再聊。

第三封信："毒奶粉"的故事

小林，你好：

你回信说，很喜欢鱼子酱的故事，觉得它很有意思。是的，我还有很多很多这样的故事准备讲给你听。但今天我"突发奇想"，先给你讲一个很"另类"的故事。它不是关于中国崛起的正面的故事，而是一个带有强烈"反面教材"意味的事件。

在鱼子酱的故事里出现的各种人物，不管是企业家还是劳动者，科学家还是公务员，他们都是为经济发展做贡献的"好人"。这些好人一起努力，共同推动了中国鱼子酱产业从无到强的发展。但是，咱们人类社会中不仅有好人，还有坏人。他们并不想老老实实通过生产有用的好东西来赚钱，而是想"走捷径"，用欺骗的办法来发财——生产的产品不好用甚至有害，却欺骗大家说东西很好，然后卖掉赚钱。这样的人在人群中所占的比例很低，但总会有，如果一个社会不能把这些人从经济活动中"淘汰"掉，就会给经济发展带来巨大的破坏。

2008年的时候，中国发生了一件震惊全国的"毒奶粉"

事件，就让中国的奶粉产业蒙受了巨大的损失。

事情的起因是这样的：2008年的夏天，中国西部甘肃省兰州市的医院陆续接到了一批有肾结石症状的小孩，其中一个因为肾功能衰竭不幸去世了。

肾是身体里一个负责过滤血液的器官，我们喝的水、饮料、牛奶、咖啡、肉汤等，都会带着很多身体所需和不需要的物质进入我们的身体，这些液体和它们包含的物质被身体吸收以后，会进入血液。血液再流向肾，肾就会把有用的物质留在身体内，把没用的物质连带着一些水分排出体外。我们每天都会上厕所小便，尿液就是从肾排出来的。人的身体一天也离不开肾，一旦肾不能正常工作，就会有大量有害物质长期停留在体内，给身体造成巨大的伤害。

这些孩子这么小就得了肾结石，就是有很多肾脏过滤不了的、没用的东西堵在了肾里边，聚集得多了就在肾里形成一粒一粒像石头一样的东西，会严重损害肾的功能。

小孩子一般不会得肾结石，因为他们年龄很小，肾才工作了几年甚至几个月。绝大部分肾结石患者，都是年龄很大的老人，他们的肾工作了几十年，积累下来一些杂质，形成结石。这么多小孩同时被发现肾结石，说明他们肯定是食用了某些不正常的东西。这些东西，是小孩子的食品中绝对不该出现的。

卫生部门向上级政府报告了这一情况。随后，国家食品卫生监管部门发现，不仅是甘肃，在中国其他各省也有类似事件发生。经过调查，发现这些得了肾结石的孩子都喝过"三鹿"品牌的婴幼儿奶粉。截至2008年9月，受三鹿奶粉影响去医院门诊治疗的婴幼儿居然达三万九千多人，其中有一万两千多个婴儿需要住院接受治疗，还有4个小天使失去了生命。这些数字实在是触目惊心。

三鹿牌婴幼儿奶粉是由位于河北省石家庄市的三鹿集团生产的。相关监管部门立刻开展紧急调查，结果，在三鹿集团的奶粉里发现了一种叫"三聚氰胺"的东西。

三聚氰胺俗称"蛋白精"，是一种人工合成的化学品，在牛奶中并不存在。它对人体危害很大，法律也不允许把它添加到食品中去。那它为什么会出现在三鹿的婴幼儿奶粉中呢？

我国对奶粉的质量有标准要求，工厂生产的奶粉必须要含有足够多的蛋白质。蛋白质是牛奶中最重要的营养成分之一，我们喝牛奶主要就是为了摄入蛋白质和钙。三鹿的奶粉是由牛奶脱水加工而成，需要购买新鲜牛奶。有人就先向奶农收购牛奶，再转手卖给三鹿等奶粉厂家，从中赚取差价，这种人被叫作"奶贩子"。这些奶贩子里，就有两个叫张玉军、耿金平的坏人。他们觉得简单地转卖牛奶赚钱太少，想往牛奶里边掺水。一公斤的牛奶只能卖大概4元钱，如果再加一公斤水，变成两公斤，不就能卖8块钱了吗？

但是，水里边没有蛋白质，加了水的牛奶无法通过质量检测。张玉军、耿金平就想了个歪主意：往添加了水的牛奶里再添加三聚氰胺。质量检测机构检查蛋白质含量的时候，主要是根据牛奶里边的氮含量来判断的——蛋白质中含有氮。三聚氰胺不是蛋白质，但它含氮量很高，也可以溶于水。它的水溶液无色无味，放进去之后不会改变牛奶的味道。只要往注了水的牛奶里放一些三聚氰胺，再放一点麦芽糖和香精，普通人喝起来就感觉跟牛奶差不多，还能通过质量检测。

张玉军、耿金平刚开始是自己往牛奶里边放，后来干脆办起了秘密工厂，把三聚氰胺和麦芽糖、香精等混合起来生产成一种白色的东西，起名为"蛋白粉"，到处销售给其他奶贩子或者奶农，让他们也往掺水的牛奶里放。

三聚氰胺对人体有害，法律绝对禁止往牛奶等各种食品里边放。这一点，张玉军和耿金平完全清楚。但是他们为了赚钱，根本不顾这样做的危害，生产了几百吨这种有毒的"蛋白粉"，从中赚了很多钱。

这些蛋白粉被添加到牛奶中，通过了质量检测，被三鹿等奶粉厂家购买，做成奶粉，最终流向全国市场。成千上万的人喝到肚子里，无数人的健康遭到了巨大的损害。其中，婴幼儿因为喝奶喝得最多，身体又最弱小，也就最先从婴幼儿身上发现了这些"毒奶粉"的危害。

三鹿集团在国家监管部门介入之前，就已经通过消费者的投诉，知道自家奶粉中含有大量三聚氰胺。但是，集团高层领导们觉得全部收回有毒奶粉的损失太大，也害怕公开以后损害三鹿奶粉的名声，竟然不顾"毒奶粉"的危害，没有及时向社会公开这个消息，而是千方百计掩盖真相，同时还决定把已经收购的含有三聚氰胺的牛奶做成奶粉继续卖——只是想办法逐步降低其含量。有一个受害者在网上公开申诉，三鹿公司的人就找到他，骗他说他买到了假的三鹿奶粉，请他删除留言撤回申诉，三鹿公司愿意用"真奶粉"把这些"假奶粉"换回来。

一直到最后，全国各地纷纷上报有很多婴幼儿吃了三鹿的奶粉以后得了肾结石，还有一些媒体也做了公开的报道，国家监管机构介入了，三鹿公司这才无法继续掩盖事情的真相。

"毒奶粉"事件曝光以后，国家食品安全监管部门紧急抽查了市场上销售的109家企业生产的491种奶粉，发现其中有22家69种奶粉三聚氰胺超标。这些超标的奶粉都被强制收回并销毁了。

"毒奶粉"事件给中国的奶粉乃至整个食品生产行业都造成了巨大的破坏。人们纷纷质疑：中国食品生产企业的道德水平是否合格？中国政府对食品安全的监管力度是否合格？

受这个事件的影响，许多国内和国外消费者不敢买中国产的奶粉了，都害怕里边有三聚氰胺这样的有毒有害成分。美国、欧盟、日本、韩国、巴西等先后宣布全面或部分禁止进口来自中国的奶制品。

中国婴幼儿的父母们，许多人感到心有余悸，为了让自己的孩子能健康成长，甚至需要专门托人到国外去购买外国品牌的奶粉寄回国内。在澳大利亚、新西兰等国家，代购奶粉卖到中国甚至成为一门十分火爆的生意。国产奶粉在中国市场的占有率，从2007年的65%，迅速下跌到了30%以下。

随后，许多中国的奶粉生产厂家都出现了巨大的亏损，因为他们生产出来的奶粉卖不出去，消费者不相信他们生产的奶粉是安全的。

小林，你想，如果中国生产出来的产品总是出现类似的问题，那么，世界上就没有人敢再买中国的产品了，不仅国外的人不买，连国内的消费者也不会买。我们生产的产品卖不出去，经济活动就会陷入停滞，中国经济增长也就无从谈起了。

要挽回中国产品的声誉，我们痛定思痛。首先要做的，就是严厉惩罚那些往奶粉里投放三聚氰胺的"坏人"。张玉军和耿金平很快就被公安机关抓了起来，那些从他们手里购买三聚氰胺往奶粉里放的奶贩子和奶农也被逮捕了。此外，三鹿公司的董事长田文华等人也被抓了起来，因为他们在明知三鹿奶粉有毒的情况下还拒绝向社会公开，让毒奶粉继续在市场上销售了好几个月。

最后，经过法院审理，张玉军和耿金平被判处死刑并没收全部个人财产，他们不仅失去了通过害人赚到的钱，还把命丢掉了——这是他们毒害那么多婴幼儿应得的惩罚。处死这两个坏人，就是为了警醒所有打算通过欺骗、害人的方式来赚钱的人，这样做最后一定会面临严厉的惩罚直至死刑，最终是得不偿失的。老老实实做好产品，赚钱虽然辛苦一点、慢一点，但挣到的钱能踏实地归自己所有。

此外，三鹿公司的董事长也被判处了无期徒刑。一些对此负有责任的三鹿公司高层，以及购买三聚氰胺往奶粉里掺假的奶农、奶贩子也被判了几年到十几年不等的监禁。

三鹿集团被处以巨额罚款，它的全部净资产都要用来赔偿生病的孩子们，最后因此破产倒闭。那些因为吃了毒奶粉而送医的婴儿，救治费要由三鹿集团赔偿，不足的部分，又由全国乳业协会协调那些被查出奶粉中有三聚氰胺的企业筹集了十多亿元予以补充，政府财政也提供了支持，保证孩子们可以得到免费的医疗救治。

三鹿集团是一家有五十年历史的奶制品生产企业，曾经连续十五年在婴幼儿奶粉销售中位列中国第一名。这样一家历史悠久的知名企业从诞生到发展壮大，经历了好几代人的辛苦努力，一夜之间破产倒闭，造成的经济损失非常大，非常可惜。但是，如果我们不痛下杀手，就不足以警醒其他奶粉制造企业，不足以挽救中国食品产业的声誉。

惩罚了相关企业和责任人之后，政府又宣布推进一系列改革措施。在此之前，对符合食品安全生产标准的企业，其产品可以在三年内免检。三年之中，各级质量监督部门不会再去抽查。这一规定被立刻取消了，任何食品都不再免检。2009年6月，"毒奶粉"事件爆发半年多以后，中国正式颁布了第一部《食品安全法》，对食品安全进行单独立法管理，监管力度空前加强。中国的奶制品企业也痛定思痛，纷纷推动"奶源革命"：以前那种农户散养奶牛、企业收购鲜奶的供奶模式基本消失，改为公司化集中养殖，奶制品企业全程监控奶牛的养殖和产奶过程，每个奶牛都有"身份证"，以确保牛奶的质量在源头上能够得到控制，杜绝奶农或奶贩子私自往牛奶里添加非法成分的可能性。

经过政府和企业多年的努力，因为"毒奶粉"事件而笼罩在中国奶制品头上的阴云才逐渐散去。

根据市场调查机构的数据，2008年到2016年的八年间，中国国产奶粉的销售额都在下降，即使在国内市场上，国产奶粉也竞争不过外国奶粉。但到了2017年，国产奶粉终于开始恢复增长，到2020年超过了外国奶粉。到2021年，国产奶粉的市场占有率终于超过了2007年"毒奶粉"事件之前的水平。

中国的国产奶粉能走出三鹿事件的阴影，关键就是我们能够迅速且严厉地处罚经济活动中的"坏人"——制造有毒"蛋白粉"的人被判处死刑，销售有毒奶粉的三鹿公司被迫破产倒闭，董事长被判无期徒刑。然后我们又加强了从收购到生产、销售各个环节的监督检查，确保奶粉质量过关、安全可靠。2015年，农业部部长韩长赋就表示，农业部连续7年实施"生鲜乳质量监测计划"，三聚氰胺等违禁添加物抽检合格率保持在100%。中国产奶粉出口到世界上其他国家，也没有再被其他国家的市场监督机构检测出来严重的质量问题。

与此同时，中国政府在奶粉质量抽查中，不断发现一些进口的外国奶粉并不符合食品安全标准。2021年到2022年初，有几个美国家长向美国卫生监管部门投诉，他们的孩子在吃了雅培婴幼儿奶粉以后生病了，其中还有两个婴儿因病去世。雅培是美国最大的三家奶粉生产厂家之一。家长和医生们怀疑这跟雅培奶粉中的两种细菌——克罗诺杆菌和沙门氏菌——超标有关。这两种细菌会严重损害婴幼儿的消化系统。美国疾病预防控制中心（CDC）对雅培的奶粉工厂进行了检查，发现在生产环境中确实存在着两种细菌超标的情况。消息传到中国，给雅培奶粉的销售带来沉重打击。家长们发现，原来外国奶粉也会有问题，也不是那么可靠。

图4　牛奶工厂包装车间

实际上，不管是中国产的奶粉，还是外国产的奶粉，都有可能出问题。"坏人"在中国有，在外国也有，关键看我们的制度能不能快速地把这些坏人清理掉，让他们赚不到钱，即使赚到了钱也要面临巨额罚款和严厉的刑罚，最终得不偿失。这就需要有快速而且公开透明的舆论监督和严格公正的政府监管来实现。这种监督和监管的手段，就是我上一封信里边说的"制度"的一个重要组成部分，它也是一种非常重要的生产要素。

中国经济的崛起，鲟龙科技这样的企业成长是主流，三鹿毒奶粉这样的事件是次要的方面。但是，俗话说得好，"一粒老鼠屎坏了一锅汤"，即使这样的事件很少，也会对整个国家的经济产生巨大的负面影响。我们需要时刻保持警惕，一发现就坚决予以曝光和严厉的处罚，只有这样，中国经济才能继续保持快速健康的发展。对我们个人而言，如果想通过经营商业来赚钱，也必须引以为戒，始终坚持诚实守信的经营方式，绝不能通过欺骗、隐瞒来以次充好甚至以坏充好赚钱。这从法律上看是非法的，同时，它也是不道德的，我们中国人把它叫作"不义之财"。不义之财不可取，应该成为每一个人的人生准则。

现代经济学的奠基人、英国经济学家亚当·斯密在他的名著《国富论》中提出，每个人都从最符合自己利益的角度出发行动，是经济活动顺利运行的基础。他说："我们的晚餐并非来自屠宰商、酿酒师和面包师的恩惠，而是来自他们对自身利益的关切。"他的意思是说，面包师之所以会努力把面包做得非常好吃，是因为好吃的面包才能卖钱，如果大家觉得他做的面包不好吃，就不会掏钱买，面包师就赚不到钱了。

亚当·斯密的看法无疑是正确的，但是，这句话讲得还不全面。他在写《国富论》之前，还写过一本《道德情操论》。在这本书里边，他认为人类基于对他人痛苦和快乐的理解，会产生帮助他人的道德情操——比如仁慈、良心、诚信等等。而这些道德情操，正是人类社会得以平稳运行的基础。

也就是说，亚当·斯密也认为，每个人都从个人利益出发进行经济交易，有一个最基本的前提，就是对个人利益的考虑不能突破一个社会基本的道德准则，不能把个人利益的满足建立在损害其他人合法利益的基础之上。面包师从个人利益出发，把面包做得好吃，这是市场经济的美德；但是，好吃的面包需要买更贵的面粉，还要耗费更多的精力来烘焙。面包师从个人利益出发，会发现如果往面包里边放一些类似于"三聚氰胺"这样的东西，可以用劣质的面粉做出很好吃的面包。这样，面包师就能赚更多的钱，却会对食用了面包的顾客造成伤害，这是不道德的，也是不合法的。

要让面包师的个人利益跟购买面包的消费者的利益保持一致，需要有两个东西：一个是道德，我们要通过学校的教育、父母的言传身教、社会的舆论等方式来保证人们的道德保持在一个比较高的水平上。一个社会的平均道德水平越高，经济活动就会越有效率。另一个东西就是法律。对那些被反复教导过，还是坚持要做不道德的事情的人，就要用法律来对他们进行惩罚，包括罚款、监禁直至死刑。一个社会的法律制度越是公平和高效，经济活动也会越有效率。

今天就聊到这里，下次再聊。

第四封信：上海贝尔的故事

小林,你好:

　　前一封信跟你讲了三鹿毒奶粉事件,这个事件对中国商品的国际声誉影响极大,我们花了很长的时间才给扭转了过来。中国古人很早就说过:"人无信不立、业无信不兴。"一个人、一个企业乃至一个国家,如果不讲究诚信,把自己的声誉败坏了,那就没有人敢跟他做交易,这个人在社会上就很难谋生,这个企业就很难生存,这个国家的经济也肯定发展不好。中国经济能够发展这么好,跟我们中国人、中国企业、中国政府非常讲诚信、重视自己的声誉也有很大关系。

　　前段时间,在中国的网络媒体上,大家都在热烈地讨论一件事:中国一家非常著名的手机生产企业——小米公司,他们在某个发展中国家经营了很多年,依靠物美价廉的产品,成了这个国家最大的手机制造商。小米在这个国家建立许许多多的生产工厂和销售门店,创造了数十万的就业机会,也贡献了数以亿计的税收——当然,也赚了很多钱。但是,2022年,该国执法局突然以小米公司违法往境外汇款为理由,宣布冻结——相当于没收——了小米48亿美元的资金。这个数量，几乎就是小米在该国经营多年赚到的全部的钱。

实际上，小米公司往外汇出的钱，百分之八十以上都是拿来给美国的高通公司交专利费的——因为小米手机生产用了高通公司的许多技术，需要给人家交专利费，这是理所当然的事情。除了这百分之八十以外，还有百分之十几的钱应该就是给中国的总公司创造的利润了，这部分钱该不该汇到中国呢？这就要看汇款方式和额度是否符合该国的法律，以及小米公司去投资的时候签订的合同内容。

小米这种大型跨国公司，做任何事情都有一个专业法律团队当顾问的，不大可能完全无视一个国家的法律，但在细节问题上也可能会违规。如果真的有违规违法的行为，当然应该受罚。但这些钱都是小米公司合法赚到的，因为一小部分的违规，就一下子把48亿美元这么大一笔钱全部冻结没收，显然是"过度处罚"。这个国家的政府，显然滥用自己的立法权和执法权，强行把外国企业从本国赚到的钱给没收了，这就是一种非常不道德、不讲诚信的行为。

事情发生以后，一位专门研究中国企业海外投资的专家接受了媒体采访。他说，几乎所有的外国投资企业，都会在该国受到政府的不公正待遇和打压。实际上早在本次小米被罚没巨款之前，包括OPPO、vivo以及其他多家中资企业都已经收到过多次警告和处罚。甚至不仅仅是中资科技企业，其他国家和地区的消费类电子巨头也有被罚案例。

这个发展中国家的政府，它不讲道德诚信，一口气把小米48亿美元给冻结没收了，看起来是赚了大钱，而且也没有法律可以处罚它，因为它就是立法者。国际上，并没有可以强制处罚一个国家政府的机构存在。那么，它是不是就因此占了大便宜呢？

其实不是这样的。这个国家的经济总量超过3万亿美元，48亿美元只是一笔比较小的钱。为了"挣"这48亿美元而损失了国家声誉，可谓得不偿失。中国企业原本每年都会在该国有大量的投资，受这个消息的影响，纷纷选择了暂停——大家都害怕会因不道德的罚款而承受巨大损失。距离小米被罚款不到半年，很快就有另外一家巨型跨国企业宣布，终止在这个国家投资1 400亿元人民币建设半导体和显示器工厂。这个项目已经准备了一年多，花了很多钱，却突然宣布终止，其中一个很关键的因素就是这家跨国公司对该国政府的道德诚信水平表示怀疑。

没过多久，该国找到一家中国的新能源电动汽车公司，想要以20亿元人民币的价格购买1 000辆电动大巴，用于改善该国的公共交通系统，条件还包括到该国建厂生产这批大巴。这家中国车企不仅不愿意去建厂，还开出条件：必须先一次性付清全部20亿元才能交货。国际上这种大批量的政府采购，一般都是分期付款，也就是分成好几年、每年付一部分，这样可以减轻政府财政的支出压力。但鉴于该国政府总是以不道德、不诚信的方式对待外国企业，中国公司为了安全起见，担心交了货之后不能按时收到剩下的钱，就要求必须先付清全款才能发货。

你看，即使没有法律能够惩罚这个不讲诚信的国家，市场也会自动去"惩罚"它。这种惩罚的方式就是市场上的企业都不愿意跟它做生意，或者要提高做生意的条件。这个不讲诚信、对外国企业胡乱罚款的国家，在中国改革开放——也就是1978年——的时候，经济总量跟中国差不多。但是，经过四十多年的发展，中国的经济总量已经是它的五倍了。

几十年间，中国的经济增长速度比它高得多，而且我们吸引外国投资的数量也长期位居发展中国家的第一位。很多很多的外国企业愿意到中国来投资建设工厂，还有世界银行等金融机构也愿意贷款给我们搞基础设施建设，这对中国经济的高速发展起了很大的积极作用。

为什么那么多外国企业或者国际机构愿意在中国投资呢？这跟我们中国人、中国政府做事情讲诚信、讲道德有很大的关系。

我给你讲一个故事。改革开放初期，20世纪80年代的时

候,中国政府从比利时引进了一家叫作"比利时贝尔"的通信
公司来中国投资,跟中国政府合资成立了一家叫作"上海贝
尔"的通信企业。比利时贝尔以技术和设备作为投资,还负
责帮中国联系了一笔比利时银行的贷款,来帮助中国生产先
进的数字化程控交换机。双方约定的条件是,生产出来的程
控交换机在中国国内销售,赚到的钱一部分用于归还贷款,一
部分就作为比利时贝尔的投资回报。

程控交换机,是一个国家通信网络的后台服务器,我们给
其他人打电话,中间就需要交换机来连接。它有机械化和数
字化的区别,数字化的交换机速度更快、容量更大。当时,中
国还不掌握数字程控交换机的生产技术,邮电部门联系了好
多家著名的外国通信公司——比如摩托罗拉、西门子等等,邀
请它们来中国投资生产数字交换机,都被拒绝了。比利时贝
尔技术相对落后,研发的程控交换机在国际市场上卖不好,这
才同意来中国投资,想赚中国市场的钱。这对中国和比利时
贝尔公司都是好事情。

上海贝尔投产以后,生产的数字化交换机很畅销,很赚
钱。那些原本拒绝到中国来投资的外国通信公司看到了,纷
纷改变了主意,也跑到中国来投资建厂、生产数字交换机。
比利时贝尔的技术本来就要落后一些,产品竞争不过其他
外国巨头,上海贝尔的交换机慢慢地就卖不动了,开始陷入

亏损。

　　这个情况，中国政府和比利时贝尔都没有想到。照理说，这是正常的市场竞争行为，一个企业的技术不够好、产品卖不动，因此亏损，怨不得政府。中国政府为上海贝尔建设提供了廉价的土地、厂房、电力，还从全国选拔了一大批通信技术专家到上海贝尔工作，确保了上海贝尔迅速投产。政府承诺的各种税收优惠、财政补贴也都给了，是很讲诚信的。但不管怎么说，上海贝尔亏损了。中国政府的高层领导得知了这个情况，就说：比利时贝尔帮助中国生产出了第一套数字化程控交换机，对中国通信产业发展帮助极大。如果没有它最先来中国生产，其他通信巨头很可能也不会来。现在它的在华投资遇到了困难，我们应该尽力支持，帮助它走出困境。

　　于是，在合同的义务之外，中国政府又给予了上海贝尔更多的特殊照顾：各地电信部门、电信企业在采购交换机的时候，虽然上海贝尔的产品质量差一些、价格略贵一些，只要不是太离谱，都尽量优先购买。通过这些支持政策，让上海贝尔短暂地走出了困境。又过了很多年，产品技术本身不够好的上海贝尔终究还是被市场竞争淘汰了，但在此之前，比利时贝尔早就已经赚够了，它为中国政府协调的外国贷款我们也早就全部还清了。总的来说，比利时贝尔在中国的投资还是很

图5 1988年2月，上海贝尔电话设备制造有限公司S-1240型全数字程控电话交换机总测车间 [1]

赚钱的。

你看，这就是中国政府对待真心实意来华投资的外国企业的态度。我们完全履行了合同，该提供的各种补贴和优惠都提供了，这是讲诚信。上海贝尔遇到了困难，我们还在合同

---

[1] 图片来源：澎湃新闻·澎湃号·政务，《寻找突破口，三步并成一步走》，https://www.thepaper.cn/newsDetail_forward_10232228

规定的义务以外提供帮助，这是讲道义。讲诚信、讲道义，让外资能赚到它们该赚的钱，对我们有额外帮助的我们也会给予额外的回报。

还有一个例子是1995年的广西来宾B电厂建设项目。这个电厂是中国地方政府第一次采取国际公开招投标的方式，以BOT模式引进外国企业投资建设国内重大电力基础设施。所谓BOT，就是"建设（Built）—运营（Operat）—转让（Transfer）"的首字母缩写——基础设施由企业先出钱建设，然后运营赚钱，到了一定期限钱赚够了收回投资以后，再转让给政府。

有好几家国外的大企业参加了招投标竞争，最后，法国电力公司牵头、另外两家中国公司参加的"联合体"胜出，跟广西壮族自治区政府签订了BOT协议。

协议规定：法国电力为主的联合体负责出钱修建来宾B电厂，修建完成以后，继续由该联合体负责运营。电厂每年发出的电，由当地国有企业——广西电网公司按照协议价收购，最少收购35亿度。卖电的钱，扣除运营成本和缴纳税费以后，就是项目的收益。这个钱可以换成美元汇出中国。联合体运营电厂15年，15年以后，电厂无偿转交给政府。

协议还规定，政治法律风险由广西地方政府承担，市场运营风险由联合体方面承担。

也就是说，联合体要在15年之内把投资修电厂的钱赚回来，能赚多少算多少，15年以后就要把电厂交给政府。

协议签订的时候，双方都觉得没问题，联合体按照协议价每年卖35亿度电，肯定能收回成本，还能赚一大笔钱；政府一分钱不花修好了一座电厂，正常买电再卖掉也不会亏，15年后白得一座电厂。这对两边都是很好的事儿，对不对？

但15年的时间很长，总会出现一些意想不到的变化。其中一个是煤炭价格的上涨超出了预期。

B电厂发电主要就是靠烧煤。煤炭价格涨上去，电厂发电成本就提高了很多。按照协议，煤价涨了，收购电价也要跟着涨。这看起来也是理所当然的。但是，中央政府为了保障老百姓的日常生活和各行各业的用电需求，有意控制电价，没有让电价跟着煤炭价格一起大幅度地上涨。广西其他电站烧煤发电，煤价涨了，卖给电网的电价格却不能涨，因此不断地在亏本；同时，广西电网根据BOT协议，单独提高了来宾B电厂的电力收购价，让它继续赚钱。其他电站就意见很大，觉得政府是在偏袒外国资本，甚至有人指责广西政府这么做是在"卖国"——不然为什么国有电厂就要亏本低价卖电，外资电厂就能高价卖电？

广西政府面临着很大的舆论压力。但广西政府的领导还是咬牙决定，一定要坚持遵守合同，按照合同约定的价格来买电，让外资电厂继续赚钱。

后来，又发生了一个意想不到的变化——人民币升值。根据合同约定，人民币升值小于5%时，电力价格不变，超过5%才变。这次这个升值幅度刚好比5%小一点点，电价不变的话，是外资占便宜的。因为电价用人民币支付，外资把从电价里赚到的钱——人民币——换成美元汇出中国。人民币升值，同样的人民币可以换更多的美元。又有人说，煤炭涨价我们就吃亏了，保障了外资赚钱，现在人民币升值、外资占便宜，要不要我们再谈判一下改一下合同？根据人民币升值的幅度降一点电价，让外资少赚点人民币，其实最后换成美元它赚的是一样的，我们却可以趁机把收购电价上涨多花的钱赚回来？

但是，所谓重新谈判、修改合同，其实就是不想遵守原来合同的意思，也算是一种违约行为，不到万不得已不应该这么做。经过内部反复开会讨论，广西政府最终还是决定：不修改合同，继续按照原价购电。直到人民币升值超过了5%以后，才按照BOT协议降低了收购电价。

来宾B电厂是我们国家最早引进外资参与的大型BOT项目。这个项目能否顺利执行，关系到国家的信用。广西政府顶住舆论压力，始终坚持按照合同办事，在煤炭涨价的那几年每年多花了大约1 000万元人民币来高价买电，在人民币意外升值的情况下，又坚持继续按照对外资有利的原则来执行合同，表现出了高度的诚信。

时间过得很快，到了2010年，15年的运营期结束，来宾B电厂也非常完好地转交给了广西政府，外资赚到了钱，我们获得了15年的电力供应和一座运行良好的电厂，双方实现了"双赢"。这个过程也再次昭告全世界：中国政府是讲诚信的政府，到中国投资做生意不用害怕诚信问题，不必过度担心政策变动的风险。

我们用这样的态度对待外来投资者，这就跟那些个动辄对外国投资者进行无理处罚、千方百计禁止外资把赚到的钱汇出国的国家形成了鲜明的对比。有了这样的态度，中国才会成为过去几十年全世界的企业最喜爱的投资热土。在接受外国直接投资方面，中国长期排名世界前三。2020年，更是超过美国成为世界第一。世界各国的企业，纷纷带着巨额的资金来中国建设工厂，带来了先进的技术，雇用了众多的中国工人，从中国赚了很多钱，也同时拉动了中国经济的快速增长。

除了外国直接投资以外，中国还获得了大量世界银行的贷款。截至2000年6月，中国共获得了世界银行超过340亿美元的贷款，是获得世行贷款最多的国家。世界银行是一家国际性的金融机构，由很多国家共同出钱组成，它的全称是"国际复兴开发银行"，其目标是帮助发展中国家发展经济，

图6　一座现代化的中国发电厂

主要为发展中国家的基础设施——电站、公路等建设提供贷款。世行的贷款时间一般可以长达二十年，甚至三十年，而且利息很低，是非常好的贷款。它对中国经济增长的帮助也很大。

世界银行能持续这么多年给中国这么多的优惠贷款，很关键的一点，也就是中国政府讲诚信：各地拿到了贷款真的认真搞建设，能把项目建设好，还能赚到钱。世界银行负责中国业务的美国经济学家黄育川——他是美籍华裔——在接受媒体采访的时候就说："世界银行之所以给中国提供这么多的贷款，就是因为中国贷款的项目总是很成功，基本没有失败的项目。在项目还款遇到困难的时候，中国政府还会出手相助，保障资金归还。"

世界银行的贷款是优惠贷款，不追求营利，但总还是需要收回成本的。把成本收回来了，才有钱继续去投资支持其他新的项目。中国各地政府总是讲诚信、负责任，项目建设进度总是很顺利，项目本身赚的钱不足以按时归还贷款的，政府总是能想其他办法、用其他地方的钱来补上，保证世行的贷款能按时收回。这就是我们中国人常说的"好借好还、再借不难"。借钱用来干实事，借了真干、借了真还，世界银行当然也就乐意持续不断地给中国的项目贷款。

中国现在经济发达了，很少再从世界银行争取优惠贷款，转而开始大量地为发展中国家提供贷款，支持它们的基础设施建设。但是，在其中一些国家就遇到了比较严重的信用问题——简单来说就是借钱不还。这样，就算这个国家非常需要基础设施，我们也不敢再去给他们提供支援了。

我们中国人坚信"自助者天助之"：一个人、一个国家，首先要自立自强，然后才能获得外界慷慨的帮助，如果自己不追求自立，遇到一点困难就连基本的诚信都不要了，第一时间想着赖账，外界的帮助就会越来越少。这个国家的经济发展形势，自然也就不容乐观了。

不过，我们中国人的诚信是建立在自立自强的基础上的"主动的诚信"，不是那种任人欺负的被动的"诚信"。在中华人民共和国建立之前，我们的国家非常弱小，经常被外国列强派军队武装入侵，被迫签署了很多割地赔款的不平等条约（国家和国家之间签署的非常重要的合同又叫"条约"）。之前的旧政权都很讲"诚信"，条约上怎么写的就怎么办，把国家的土地割让给了列强，用国家的财政税收为列强侵略中国支付"军费损失"。之所以这么做，不是因为道德水平高，而是因为政府腐败无能，打不过列强的军队。中华人民共和国成立以后，中国政府就宣布，那些用武力强迫之前的中国政府签署的不平等条约，一律废除。不再承认这些条约的效力。

今天就聊到这里，下次再聊。

第五封信："最牛钉子户"的故事

小林，你好：

上一封信跟你聊了"诚信"的问题，举的例子都是政府有没有讲诚信的故事，没有讲个人和企业。那么，政府讲不讲诚信，跟个人、企业是否讲诚信是个什么关系呢？

一个国家的政府，是整个社会主要运行规则——也就是法律——的制定者和监督者。政府有权制定法律，并强制要求企业和个人遵守，如果他们不遵守，就会对他们进行惩罚。企业会被罚款，个人会被逮捕拘留甚至送进监狱。

讲求诚信、遵守合同，是几乎所有国家的法律要求。政府是社会法律秩序的最后负责人，如果一个国家的政府自己都不讲诚信、不遵守自己自愿签署的合同，那么，我们就可以合理推断：这个政府里边主要官员的道德品质是比较低下的，他们也不会很认真地去监督企业和个人讲诚信、遵守合同。

一个国家的法律不可靠、不可信，就一定会有很多企业和个人做事情不讲信用、不守合同，依靠欺骗和违约来赚钱。这样，跟这个国家的政府、企业、个人做生意就都是一件非常危险的事情——他们随时可能买了东西不付钱，或者收到了钱却不给买家东西。跟他们做生意的人就会损失惨重，而他们却不用担心因此受到任何惩罚。

反之，如果一个国家的政府做事情非常讲信用，承诺的事情总能做到、签署的合同总能遵守，我们也就可以合理地推断：这个政府是由一群非常严肃认真、道德品质高尚的人在管理，他们会严格地监督自己制定的法律、确保它们得到遵守。企业和个人违反了法律就会被及时地、公正地处罚。在这种环境下，那些不讲诚信的企业和个人很快就会被淘汰——也就是赚不到钱，或者刚赚了一点钱就被政府罚得倾家荡产、得不偿失。剩下来正常经营的企业，也就基本都是由讲诚信的人在管理。那么，我们跟这个国家的企业和个人做生意就会比较放心，不太担心会被欺骗，他们承诺的事情就会努力去实现、签订的合同就会尽力去遵守。一个社会大家都在努力诚信地做生意赚钱，经济就会长期地发展繁荣起来。

从这个角度来说，政府是一个国家经济发展的"最后守护者"。一个国家政府的办事效率，在很大程度上决定了这个国家经济运行的效率。

这里，我想跟你介绍一个现代经济学的重要概念：交易成本。

我们去超市买东西，比如说，买一瓶矿泉水，花了两块钱。

对我来说,购买矿泉水的成本就是两块钱。这个说法对吗?

你可能说,这当然没问题。很多人也会赞成这样的说法。

但是,对我来说,为了得到这瓶矿泉水,不仅花了两块钱,还花了我的时间。如果超市就在我家楼下,从出门到买到水回家只要五分钟。我为了得到这瓶水的成本实际上是多少呢? 实际上是两块钱加五分钟的时间。

如果我家楼下没有超市,我住的整个小区都没有超市。最近的超市距离我家有两公里那么远,走路过去买水来回需要一个小时,这样,我买这瓶水的成本就成了两块钱加一个小时。

时间对每一个人而言都是宝贵的。买水需要走五分钟还是一个小时对我而言差异巨大。假如我正在写书,出版社给我的稿费是一千字300元钱,而我每个小时能写500字,那就意味着我工作一个小时能赚150元钱。五分钟对我来说,可能是在家写作的短暂休息时间,坐在电脑前写作一两个小时,大脑也累了、身体也累了,需要站起来走动走动休息一下,出去买瓶水正好。但是,如果要一个小时,那就会让我损失150元钱,这个时候,我觉得这个买水的成本太高,可能就不会出去买水喝了,而是选择在家用自来水烧开水来喝。让我决定不去买水喝的原因并非矿泉水的价格,而是在路上所花的时间。

"花在路上的时间"——这个不能直接用钱来计算，但又实际存在的时间成本，就是我买水的"交易成本"。我到超市买水，是我跟超市达成的一笔"交易"。用两块钱买这一瓶水，我解决了口渴的问题，超市得到了两元钱，其中它可能赚了1块钱，剩下的1块钱超市还要支付给生产矿泉水的工厂。工厂又要拿出来一部分用来购买机器设备，另一部分给工人发工资。我们的经济活动，就是由这些无数个细小的交易组成的。交易活动越多，经济就会越繁荣，超市和工厂都会赚钱，超市的店员和工厂的工人也就能拿到更多工资。

但是，决定我从超市买水这个"交易"能否发生的关键，却不在于矿泉水的价格——这个我们称之为这次交易的"直接成本"，或者就简称为"成本"。关键在于看起来不花钱，但需要花我时间的这个"交易成本"。

世界上，每一笔交易背后，除了买方向卖方支付的钱以外，都隐藏着"交易成本"。交易成本越低，交易就会越容易；交易越容易，经济活动就会增加，经济就会更高效地发展。反过来，交易成本越高，交易就越困难；交易越困难，经济活动就会减少，一个国家或地区的经济发展就会陷入停滞。

最常见的交易成本是交通成本。降低交通成本的办法有很多，比如修建公路、铁路，或者开通公交车、地铁等等。还有一些更隐蔽的交易成本，它们对经济效率的影响也极大：比如谈判成本、监督执法成本等等。

我们先说谈判成本吧。以前我们去菜市场或服装店买东西，卖家总会报一个价，比如一件衣服120块钱。我们会还一个价，问：100块钱卖不卖？如果卖家同意，这个交易就成了；如果不同意，就交易不成。双方可能会为了这点差价讨论半天，这对卖家而言尤其累，因为他们一天可能要跟几十个进店的顾客讲价，很大一部分人讲了半天价还不愿意买，在讲价上花的时间精力就白白浪费了。我就是一个非常讨厌逛商场讲价的人，总觉得是在浪费时间，买个东西还要跟商家斗智斗勇，真让人心累。还好现在有了超市和网络购物，都是明码标价、不还价，觉得价钱合适就买，不合适就不买，方便快捷又省心，这让我非常开心。

不过，明码标价只适用于简单的消费，比如买个衣服、买个手机之类的。复杂的交易仍然需要买卖双方反复谈判。比如购买汽车就是这样。汽车是家庭一个很大的花销，汽车的质量和性能的好坏还关系到交通安全。因此，几乎每个家庭购买汽车都会非常小心谨慎，不会像买衣服那么随意。大家不会直接在网上买车，而是到各个品牌的专卖店去实际看一看，向销售人员询问汽车的各项信息，再实际开一把，试驾一下，还要跟销售人员讨价还价，询问折扣、保修服务等等。跑了很多家专卖店，花费一两个月甚至更长的时间，最后才会定下来买一辆汽车。这些都是购买汽车的谈判成本。

影响经济活动的最重要的一种谈判成本是"集体谈判成本"。所谓集体谈判，就是同时跟很多很多交易对象谈判，需要所有人都同意交易才能实现，而这些交易对象各自的利益诉求差异巨大，谈判成本就会格外高。比较典型的集体谈判就是"拆迁安置"中开发商与拆迁户的沟通。这里边有好多发人深省的故事值得一听。

2004年，重庆市政府部门决定对九龙坡鹤兴街进行整体改造。这个街区属于重庆的老城区，早在新中国成立之前的1933年就开始建设了，经过七十年的发展，这里成了城市中心区，而建筑物都是几十年前建的，非常破旧，有些甚至成了危房，需要尽快改造。

这里是中心城区，旁边是一条宽阔的公路。近年来，周围修起了很多高楼大厦。政府规划部门经过研究，决定把这里改造成为一个新的商业中心，这样能够最大限度地发挥这个地方的经济价值。然后，政府又找到了一家从事地产开发的企业——俗称"开发商"——来负责新商业中心的修建。

修商业中心，那就意味着原来住在鹤兴街的居民需要搬走，原来破旧的居民楼要全部拆除，再新建很多高楼。这里一共居住着280多户居民。搬迁的成本由开发商来负担，将来商业中心建成以后，开发商可以把商业中心里的办公商业住房卖出去赚钱,用来弥补这部分搬迁成本。

这件事无论对政府、开发商还是当地居民,都应该是一件好事。政府关心整个城市的发展,把市中心一处破旧的居民区改成了现代化的商业中心,对提升整个城市的形象和经济活力很有好处;开发商想赚钱,改成商业中心价值比现有的旧房屋高很多,可以高价出售,售价足以弥补拆迁和建设的成本,还能赚一笔钱;居民们会获得搬迁补偿,根据国家规定,这个补偿款会比房屋的市场价格要高一些,足够他们买到更大更好的住房,从而改善居住条件。这种三方都有好处的事情,应该很容易就推进才对。

但问题并没有那么简单。这个街区的280多户都需要拆迁。每户居民对搬迁补偿的期望和要求都不一样,需要开发商一户一户地去沟通谈判。经过近一年的沟通,绝大部分居民都对搬迁补偿标准感到满意,同意拆迁,也签署了合同。但还有一户姓杨的家庭始终不接受拆迁补偿标准。

新的商业中心建设需要占据整片土地,必须280多户居民全都搬走、所有房屋都拆除以后才能开工建设,只要土地上还有一栋房屋,整个商业中心就没有办法开建。这就是城区拆迁面临的"集体谈判"困境——必须这个集体的所有人都同意,少一个都不行。这一下,谈判成本就变得非常惊人。开发商为了支付各种拆迁补偿和工程施工,已经投入了3亿元人民币，还欠了银行很多贷款，只要有一户人一天不同意，这3亿多的投入就晚一天收回。按照银行的利息计算，几乎就是每天损失5万元。

这家最后的拆迁户家里有217平方米的房子，包含了一层的商铺和二、三层的住房。开发商给出的拆迁补偿标准是247万元，而拆迁户希望得到的补偿标准是500万元，中间差了一倍都不止。但是，开发商每耽误一天施工，就要损失超过5万元。小林，你想，如果你是这个项目的开发商，你会怎么办呢？你会不会觉得，干脆同意这个拆迁户的条件算了，也就多花两百多万元，只要能提前一个半月开工，这个钱不就赚回来了？

也许开发商也是这么想的。但其他280户人都已经同意了这个标准，这个标准也是按照国家法律法规算出来的，如果仅仅因为这一户人家不同意就直接把补偿标准提高一倍，另外280户居民会怎么想？他们会不会因此反悔，也来一个"狮子大开口"，把要价提高一倍呢？站在政府的角度来看，也是一样。如果一旦有人不同意就大幅度提高补偿标准，那以后其他城区拆迁改造工程还怎么推进？所有人都知道可以漫天要高价，大家都索取高价拆迁补偿。这会极大地提高拆迁成本。成本太高，新建的楼房卖了也无法弥补成本，就会影响整个城市的改造更新过程。

　　总之，经过反复考虑，开发商这边始终不同意500万的赔偿标准。因为2004年的时候，重庆市城区的普通住宅价格也就大概5 000元一平方米，一层商铺的价格也就大约1万元一平方米，更何况这条街道上的建筑都是十几年甚至几十年的老房子，市场价格只会更低。开发商按照住宅和商铺加起来，超过1平方米1万元来补偿，已经是远远高于市场价格了。这个拆迁户拿着这笔钱，在附近可以随便买到更大的商铺和更大更新的住房，还能剩下几十万元甚至上百万元的现金。这在当时是一大笔钱，杨家甚至可以说是遇到了"天上掉馅饼"一样的好事。同样的补偿标准，整个街区280多户居民都能接受，说明它确实是非常合理的，没有问题。

　　但不管道理如何讲，杨家就是不同意拆迁，双方你来我往谈判了很久都无法达成一致。事情一直拖了接近三年，其他居民都搬走了、房子也拆了，整个地块就只有杨家的一栋破旧的二三层小楼在那里"巍然屹立"，显得特别扎眼。新的商业中心也因此迟迟不能动工，开发商的损失已经超过了3 000万元。

　　开发商这边也着急了，就干脆把周边的土地挖成了一个大深坑，想让杨家的人进不去自己的房子也出不来，没法正常生活，只能选择搬走。

　　但是，杨家夫妻两人也特别有毅力，无论如何就是不搬。

他们每天带着基本生活物资，在这个开发商挖出来的大坑里爬上爬下，又坚持了几个月。开发商无奈，把杨家告上了法庭。法院裁决：补偿标准合理合法，规划建设方案也是政府根据法律程序依法制定的，居民有责任配合搬迁。这样，执法部门就可以强制把杨家夫妇赶走并拆掉这栋房子。

就在开发商准备在执法部门的配合下开始强制拆迁的时候，这栋孤零零的房子被人拍了照片传到网上，还有很多新闻媒体做了报道，引起了全国人民的关注。杨家夫妇在网上获得了"最牛钉子户"的称号——所谓"钉子户"，就是形容他们家的房子像钉在墙上的钉子一样，怎么拔也拔不出来。

有很多人认为：这栋房子是杨家的私有财产，愿不愿意搬走是自己的权利。开发商想要买下这栋楼来拆掉，那就跟我们在市场上买东西一样，只能讨价还价，觉得贵了可以不买，总不能强买强卖。

小林，你觉得这个说法有道理吗？我们要站在房屋主人的角度来想一下这个问题：我自己家的房子，如果有人想把它买走，我出价多少完全是我自己的权利，对不对？不接受我的价格那就别买啊，嫌这个房子贵了那就去买别的房子。

杨家夫妇之所以要价500万元，也有他们的考虑。因为这里是城市中心区，虽然房子老旧，但人流量很大，他们在楼下商铺自己开了一家餐馆，生意很好很赚钱。在他们看来，这辈子都可以靠着这家餐馆维持生活、衣食不愁了。247万元虽然是很多钱，但都是一次性的收入，花完了就没有了，哪有餐馆这样每天都能不断赚钱来得安心呢？他们觉得自己要价最高也是有原因的——他们家的餐馆在这一片生意最好最赚钱，其他邻居的房子要么没有拿来做生意，要么开个商店之类的也不太赚钱，所以才会觉得1平方米1万元的标准可以接受。他们守着一个生意兴隆的餐馆，突然被迫搬走，当然应该多得赔偿才对。

从这个角度一想，好像杨家夫妇的要求也不算太过分，对不对？

不管怎么说，这件事在网上、媒体上引起广泛的关注和讨论，有支持强拆的，也有反对强拆的。一时间，政府执法部门也有点难办：一方面应该执行法院的判决，一方面如果当着那么多媒体的面，把杨家夫妇强行从房子里带走并把他们的房子拆掉，可能会对政府形象造成很不好的负面影响。

这样，这个事情又拖了好几个月。最后，还是政府、开发商跟杨家夫妇私底下再次协商，终于就补偿标准达成了一致意见，杨家夫妇同意搬走了。震动全国的重庆"最牛钉子户"事件和平结束。

杨家夫妇最后到底拿到了多少补偿呢？直到现在都还是一个秘密，政府和开发商不愿意讲，杨家夫妇也不愿意讲。我猜想，应该是一个高于247万但低于500万的数字吧。这个数字具体多少并不重要了。重要的是，规划中的新商业中心终于建设了起来，鹤兴街的面貌焕然一新，之前的老居民们也都搬入了更好的住宅。

在大约从2000年到2020年这20年的时间里，中国数百个大大小小的城市，都在推进类似于鹤兴街这样的拆迁改造工程，也爆发出了许多类似于重庆"最牛钉子户"这样的事件，但绝大部分都还是以谈判协商的方式解决了。中国的城市面貌也因此得到了极大的改观。

通过"最牛钉子户"事件，我们可以知道，要改变哪怕一小片城市地区的面貌，都会面临着巨大的甚至是可怕的"交易成本"。在涉及拆迁的集体谈判过程中，哪怕数百户人家里有一户选择了坚决拒绝搬迁，都会极大地提高城市更新改造的成本。今天我们漫步在中国的城市街头，总会感慨国家的发展是多么迅速，还有很多外国游客把中国城市的景观上传到视频网站上，引来许多外国网友的夸赞或羡慕。这些值得我们骄傲的成就背后，几乎每一栋高楼、每一条街道的建设过程都经历了艰辛的"集体谈判"过程。如何把这些谈判成本降低，让城市建设工作可以顺利推进，也是一个值得我们深思的问题。

在"最牛钉子户"事件的网络讨论中，大家关注的焦点，始终是政府的"公权力"与居民个人的"私权利"的关系问题。有人认为，私有财产不可侵犯，个人住房所有权应该完全由个人决定如何处分，政府的公权力不能强制把居民从私人住宅中赶走并拆毁其房屋；但也有人认为，个人利益应该服从整体利益，私人财产权应该以尊重公共利益为前提。

老城区的拆迁改造，政府根据法律程序制定规划，这个规划过程就是从城市整体发展利益来考虑问题的过程，结论是把老旧的房子改造成为现代化的商业中心符合城市的整体发展利益。城市面貌变好了、经济繁荣了，大部分城市居民都可以因此受益。重庆，以及中国许许多多城市，这些年经济的

图7　新旧居民区共存的重庆

迅猛发展和城市面貌的巨大变化也证明了这一点。因此，为了让更多的城市居民受益，个人房产在面对政府规划的拆迁改造时，拆迁户不能漫天要价，法律可以规定一个搬迁补偿标准，只要给了符合这个标准的补偿，政府执法部门就可以强制征收个人房产。

小林，你觉得上面两个立场，哪一个更有道理呢？在这场争论中，我是支持后面一种观点的。一般来说，在任何一个法治国家，都不存在绝对不可以征收的个人财产。在战争时期，国家处于紧急状态下，可以根据战争需要随时征用个人的房屋等财产，不用获得房屋主人的同意。几乎所有国家都是这样的。

战争是一种非常特殊的状态，紧急征用个人财产是为了保障国民生命安全的公共利益。那么，在非战争状态下，政府是否也可以为了其他公共利益强制征收个人财产呢？当然也是可以的。这里的关键就是如何正确地定义"公共利益"。

有人认为：只有征用个人财产用于建设公益设施（比如学校、公立医院等）才算是为了公共利益，可以强制征用；如果是用来建设商业设施（比如购物中心、商品住房、游乐场等）就不能算是为了公共利益，政府不能强制征收个人房屋。

这个原则，听起来有些道理，不是吗？但它仍然是一种比较简单的肤浅的思维方式。在现代经济体系中，公共利益涉及的面非常广泛而又复杂。建设购物中心就不是为了公共利益吗？它可以为周边居民提供便利的购物服务，也可以促进本地经济发展，当然可以是公共利益。开发商品房就一定不是为了公共利益吗？其实也不一定，它可以为城市创造更多优质住房，改善很多人的居住条件，并且遏制房价太快上涨……总之，它们都是可以跟公共利益联系起来的。

我博士研究的是城市经济学，主要是研究城市经济发展的。在我看来，城市发展是一个整体，不能单独地根据某一栋楼的用途去判断它是否代表了公共利益。一个城市拆迁改造项目是否符合公共利益，不能光看这个工程项目最后建了什么东西。如果拆迁之后建设购物中心和商品房，拆迁户就可以漫天要价，可以拒绝强制拆迁，那如果拆了之后建设公园绿地，政府和开发商都不能赚钱，那是不是就可以一分钱补偿不用给就可以强制拆迁呢？显然不是这样的。

拆迁补偿的标准，无论拆了之后建设什么东西，都会对整个区域的发展产生影响，不能根据将来建设的类型来确定补偿标准，而是以被拆迁房屋现在的市场价格为基准，然后根据一些情况做上下浮动——一般会往上浮动，多给拆迁户一些钱，让他们可以趁机改善一下生活条件。集体谈判的成本可能会被个别"钉子户"无限推高。由于城市建设需要的土地是连片的，当对一个连片区域进行建设改造的时候，只有把土地上的所有房屋都拆除才能开工建设。一个"钉子户"漫天要价，就会让整个区域改造无法顺利推进，既影响了城市整体发展，也影响了这个区域其他拆迁户尽快获得拆迁补偿。所以，法律应该规定明确的拆迁程序和补偿标准。只要是符合法律程序制定的规划方案，按照这个方案来搞建设，就是符合公共利益的；在符合公共利益的前提下，只要按照法律规定标准进行了补偿，就可以强制征收个人财产。

为什么应该这样规定呢？这就是为了降低城市建设的"交易成本"——也就是集体谈判成本。只有把这个成本控制好，我们的城市建设才能顺利推进。只有整个城市建设好了，居民们才能有更好的住房，可以有更好的办公、生活、娱乐的空间；城市的经济才会发展得更好，居民的收入也会跟着提高。

从"最牛钉子户"的故事，我们可以理解，交易成本是如何影响经济体运行效率的。经济体系的运转，就像一台复杂的机器，交易成本就像不同零部件之间的摩擦力，摩擦力太大，机器就会运转缓慢、零部件很容易被磨损，加速机器老化，更容易出问题。降低交易成本，就好像往机器里加润滑油，可以让它运转起来更加顺畅。

一个国家的经济制度，非常重要的使命，就是努力降低经济活动中的交易成本，尤其是谈判成本。我们在前面讲过的，政府惩罚诈骗行为、惩罚违反承诺和合同的行为，也是为了降低交易成本——当一个社会诈骗和失信行为总是能得到惩罚之后，大家在买东西做生意的过程中遇到诈骗和失信的可能性就会大大降低，也就不必花费很多时间去谈判合同与付款的细节，避免被骗。这就可以极大地节约大家的时间和精力，把时间和精力用到生产更好的产品上来，经济效率就得到提高了，不是吗？而这封信里讲的城市拆迁的故事，也是一样。如果有一个合理又方便的制度，可以让每个人都知道政府在什么情况下可以征收个人的房屋，征收的赔偿标准也是公开的，这就可以降低谈判成本，重庆鹤兴街的那个现代商业中心就可以提前三年建设好了。三年的时间和超过三个亿的资金利息，都会被节约下来，这样不也极大地提高了我们的经济活动的效率了吗？

至于用什么样的制度，才能最大化地节约各种交易成本，那就是非常细致而且专业的工作了。一个国家政府在推动经济发展方面，需要做的主要工作之一，就是想尽各种办法来降低市场上各种主体——企业、机构、个人——之间进行交易的交易成本。经济学家们和其他行业的专家们，都需要根据自己掌握的知识，开动脑筋，一起给政府出主意、提建议，才能让一个国家大大小小的各种制度不断地得到改进。这个改进的

图 8　现代化的重庆市夜景

过程，就是不断降低经济活动中各种交易成本、提高经济效率的过程。中国经济能够持续蓬勃发展，就跟我们能够不断地根据经济社会发展的需要改革各项制度密切相关。

　　今天就聊到这里，下次再聊。

第六封信：三峡移民的故事（1）

小林，你好：

上次讲到拆迁，让我想起了一个更加久远的故事，它当时所引起的关注远远超过了重庆的"最牛钉子户"，对中国经济的影响也更为深远。要了解中国为什么会崛起，这也是一个不可不听、不可不知的故事。

这个故事，就是三峡工程百万大移民的故事。

在中国的西南方向，四川和湖北两省的交界处，有一片南北绵延140公里、东西宽约85公里的巨大山脉——巫山山脉，它包含了成百上千个陡峭的山峰。这里山高林密，常年云雾袅绕，令外来者觉得神秘莫测，疑心有巫妖隐居其中，因此给它起名为"巫山"。

中国最长的河流——长江——至西向东从巫山山脉中流过，沿途形成三个鬼斧神工一般的大峡谷——瞿塘峡、巫峡和西陵峡。大江奔流、巨峡耸天，自古就是中国最有名的风景胜地之一。

这种地方，山川峻美，却并不适合人类居住。只在江边有少量较为平坦的河滩地，可以种植粮食。长江水道又是连接四川平原和湖北江汉平原的交通要道，有很多船只沿江上下，沿途需要休息补给，在水深好靠岸的地方就可以建个码头，做点小生意。峡谷之中有多处险滩，从下游往上游行船，需要由十几名壮汉在岸边用绳索拉船，船只才能逆流而上。这些拉船的壮汉，被称为"纤夫"。纤夫的工作极其辛苦，但总是一份可以谋生的职业。从上游去往下游的船，又需要本地船夫领航，才能避开水下的暗礁。依靠长江航运，在这高山峡谷之中，竟然也出现了许多村镇。至新中国成立以后，长期和平，社会安定，三峡地区已聚集了数百万人口。但是，受限于发展条件，居民生活十分艰苦，大多数人生活在贫困线以下，是中国贫困率最高的地区之一。

1992年，在经过长期的研究论证以后，中国政府决定在三峡修建一座超大型的水坝和水电站。这里水位落差很大，沿途又尽是高山：水位落差越大、水流量越大，发电量也就越大。两岸多高山，水坝建起来以后形成的水库，淹没土地面积也会比较少。除了发电以外，修建水坝还可以便利长江航运。由于落差大，江水湍急，从长江下游行船进入四川重庆地区非常困难，沿途有139处险滩，有46处航道只能单向通行，船舶有大半年都不能夜航，白天也只能通航1 000吨级的船舶。在枯水季节，上行的船舶在狭窄江段要依靠25处绞滩站卷扬

图 9—10　位于长江西陵峡与巫峡接合处的神农溪纤夫文化旅游区内的纤夫拉纤展示 [1]

---

[1]　图片来源：恩施州文化和旅游局，《恩施州神农溪纤夫文化旅游区》，https://www.hubei.gov.cn/jmct/jcms/lyjq/hbwajq/202208/t20220829_4283261.shtml

机牵引才能航行。修建水坝，可以让水面大幅度上升，变"高峡"为"平湖"，极大提高长江水道的运输能力。

但三峡大坝还有比发电和航运更重要的作用，那就是"防洪"。每年夏天，长江上游的雪山冰雪融化，加上季风带来的丰沛降雨，都会出现大洪水。洪水通过三峡进入江汉平原地区，极易冲破河堤或溢出河床。几乎每隔十年左右，长江就会发生大洪灾，洪水淹没两岸的土地和城镇，造成非常严重的破坏，经济损失极为重大。1931年，长江爆发特大洪水。当时中国处于军阀混战时期，政府无力组织抗洪救灾，整个江汉平原洪水肆虐，湖北最大的城市武汉被洪水浸泡长达三个月，有上千万人受灾，死亡约200万人，[1]田地房屋等经济损失更不可胜计。1935年，长江又爆发特大洪水，损失与1931年相当。到了1954年，长江再次爆发特大洪灾，此时新中国刚成立五年，大规模的战争也才结束两三年，国家处在百废待兴的阶段，洪灾造成的损失虽比1931年小了很多，但也造成了较大人员伤亡及财产损失。

在三峡修建水库，可以在洪水期提前放水，让水库水位下降，等上游发大水的时候，就拦截一下洪峰，再慢慢地泄洪。洪水破坏力最强的部分——洪峰——一般也就持续几个小

---

[1]　陈学仁《龙王之怒：1931年长江水灾》，上海光启书局，2023年。

时。水库只要能在这几个小时内保持蓄水大于出水，就可以降低洪峰强度，减轻下游的防洪压力。

在综合考虑了三峡地区的地理特点，以及发电、航运、防洪等需求以后，中国政府才决定修建三峡大坝。之所以到1992年才决定修，是因为三峡地区地形特别复杂，大坝的修建难度很大，而且投资很高，需要动用的人力、物力极多。早在1919年，中国著名的革命家孙中山先生就在《建国方略》中构想过三峡工程。但当时国家处在战乱之中，没有能力修建。新中国成立以后，政府就一直在谋划此事，也一直到1971年，才决定在三峡下游几公里远的地方先修建一座小一点的水电大坝——葛洲坝。它是我国在长江上修建的第一座大坝，不仅为三峡工程提供了宝贵的经验，还培养了人才。1988年，葛洲坝水电站修建完成，又经过几年的运行，不管是发电、航运还是防洪等各方面的功能都顺利实现了，证明三峡工程完全可行。政府这才最终决定开始修建三峡大坝。此时距离孙中山提出修建三峡的设想已经过去了70多年。

修建三峡大坝，除了技术问题需要解决外，最大的困难是水库移民。

水坝修建以后，长江水位就会上涨，最高会上涨175米，大约60层楼的高度。三峡地区适合人类居住生活的土地绝大部分都分布在长江沿岸，这些土地都会被淹没，上面居住的

图 11　三峡流域的一处弯曲河段

人民只能迁走。

　　绝大多数搬迁户只能迁出三峡地区。因为平坦的河滩地被淹了以后，剩下的多是高山陡坡，没有其他更多的土地可以生活居住了。

　　经过调查测算，三峡工程需要迁移的居民数量高达130万。这是人类水利史上最大规模的移民。超过百万人口的大迁徙，在任何国家任何时代都是不得了的大事。

　　从长远来看，这对三峡地区的居民们来说无疑是一件大好事。如果没有三峡工程移民，这100多万人永远居住在三峡的大山沟里，生活条件很难得到改善。移民反而是一次机会。中央政府也决定趁机把这100多万人迁往经济发展条件更好的沿海平原地区，那里土地肥沃、交通便利，周边大中小城市很多，既方便务农，也方便进城务工。

但是，让世代居住在大山沟里的贫苦农民，举家搬迁到数百公里乃至上千公里以外的地方，何其困难啊！那个时候，人们对故土之外的世界知之甚少。山沟里的农民连普通话都不会说，更听不懂外地的方言。山里的生活虽然艰苦，但世世代代都生活在这里，日子总能过得下去。没有外力推动，大部分人宁愿守着祖祖辈辈留下来的贫瘠的山地，也不愿冒险前往遥远的沿海平原地区。

为了说服大家搬迁，基层政府的工作人员需要不停地上门劝导，隔三岔五就要召集村民们开大会小会反复宣传、讨论。从三峡工程的伟大意义到个人未来的生活，一遍一遍地反复讲。

政府周到地制订了搬迁计划：尽量整村搬迁——同一个村的人尽量迁移到同一个地方，将来生活上也好互相照顾。迁入地区的政府则被要求按照标准给移民们新建住房、安排耕地。有一个村计划被安置到上海，正好村里有两个人在上海务工。政府就把这两个人请回老家，给村里的亲戚们介绍上海的情况，又让村民们去迁入地亲自考察。经过很多次的沟通之后，政府才与村民一户一户地签署搬迁协议，安排搬迁时间表。

尽管如此，问题仍然很多。需要搬迁的是175米水位线以下的居民。还有很多居民生活在175米水位线以上，这就不需要搬迁。但线上线下的居民们很多是亲戚——可能是哥哥和弟弟，也可能是父母和成年的子女。虽然分开居住，但始终是往来密切的一家人。一旦搬迁，一个留在山上，一个远走千里，这个大家庭就散了。

还有，像结婚出嫁到外村的情况，一家人虽不在一个村但隔得也不远，可以经常走动。整村搬迁无法解决这类问题——一大家人可能父母去了江苏，女儿则跟着丈夫去了广东，从此相隔千里，再见面就十分不容易。

中国人安土重迁，有几千年的农耕文化传统，农民们将祖宗坟茔视为灵魂的归宿。人可以迁到外省，但坟却不可能，最多只能从被水库淹没的地方往上迁往山区。离开家乡，不仅意味着离开了在世的亲人，也意味着离开了地下的祖先。

每一次，当把所有家当搬上船准备出发的那一刻，船上船下的绝大部分人泣不成声。他们不只是离开家乡。家乡将会很快就水淹没，永远也不能再见。

2008年，三峡工程已经建成，当时我参与了三峡库区发展规划的制定工作，跟着国家发改委的工作人员一起到库区调研。有一次，当地的一位基层干部与我闲聊。他十分感慨地说：

"我干移民工作十多年，刚开始是被人指着脊梁骨骂的。有人说，移民干部主要就做三件事：第一，刨人家祖坟；第二，拆人家房子；第三，离散别人的家庭。这些事情按照农村的说法，那都是败坏阴德，要遭报应的。但我还是咬着牙干了，为了国家的工程。功在当代、利在千秋；舍小家、顾大家。这些道理我先想明白了，再一趟一趟地跑去跟老乡们讲，但阻力很大，背了十几年的骂名。现在大家不骂我了，因为不管是外迁的，还是上靠的，生活都变好了。"

我对这种变化的切身体验就是交通。水库把江面最狭窄的地方从大约50米宽增加到了200米宽，水深也增加了100多米，整个库区就成了一个大湖，内部小型轮船开起来十分方便。我们从奉节坐船到涪陵，300多公里，慢船票只要25块钱，6个多小时；如果坐快船，则只要3个小时，票价130元。

一艘船可以坐上百人。坐船的时候，妇女抱着娃娃、老太太背着麻袋、中年人提着箱子、年轻人背着背包，好一派热闹的景象。这些地方以前几乎与世隔绝，去重庆市区需要两天两夜，现在则可以当天出发当天抵达了。那还是2008年，后来山区通了高速公路，从奉节到重庆市区开车5个小时就可以到了，轻松实现当天往返。

现在，客轮的班次比2008年减少了很多，大家都坐大巴走高速去了。轮渡更多地用来运输货物。江面上，货船往来如织。三峡大坝修建了当时世界上最大的升降船闸，可以把3 000吨轮船抬升至最高113米，约40层楼高，万吨级船队因而可以直达重庆。船闸每年设计通过能力是1亿吨，设计过程中，有很多人觉得太大，担心闲置浪费。想不到，建成以后年年"堵船"——需要通过的船只太多，有些货船需要排队两三天才能过闸。通行量很快就超过了设计标准，船闸常年处于超负荷运行状态。为了满足货运需求，又在大坝旁边修建了"翻坝公路"，下游货船把货物运输到大坝下边卸货，用货车走翻坝公路运到水库口，再装船运往重庆。2022年，重庆港货物吞吐量达到1.98亿吨，作为一个内河港口，甚至超过了纽约的长滩港这种世界著名的海港。

有了三峡水库带来的巨大的运输能力做支撑，重庆市的经济发展特别迅猛。库区经济总量从2010年到2020年增长了2.5倍，是同时期中国经济增速较快的地区。

三峡地区修建高速公路看起来与三峡移民无关，其实，正是因为移民成功，才有了三峡工程的顺利修建；有了三峡工程带来的航运发电等便利，才有了三峡库区及其上游的重庆城区等区域的经济的迅速发展。经济发展了，政府税收就会增加，地方政府才有钱投资修建高速公路。修了高速公路，经济发展就会更快。这就形成了一个良性循环。

图 12　三峡流域船闸闸门

　　三峡移民，是整个地区经济发展进入良性循环的第一步，也是最关键、难度最大的一步。这一步迈过去，后边的一切就都顺理成章了。

　　现在，拉纤的辛苦工作消失了，商业和旅游业迅猛发展。很多外迁的移民把外地的房子卖掉或者出租，返回三峡地区居住。以前需要外迁，是因为没有土地可以耕作，留下来很难谋生。现在，商业和旅游业创造了很多新的就业岗位，这些思念老家的人就又回来了。

　　当然，大多数人还是在沿海落地生根，不再回来。因为那里经济更发达、就业机会更多，更适合年轻人，回来的多是中老年人。

无论回来还是留下，大家都过上了比以前更幸福的生活。

移民们生活的改善只是整个三峡工程效益极小的一个方面。三峡工程仅2021年一年发电量就超过了1 000亿度，成为世界上发电量最大的水电站，累计发电量超过了1万6千亿度。这些电，按照每度电0.25元的价格卖给国家电网，再由国家电网按照每度电0.5元到2元不等的价格卖出去，用于人民生活和工业生产。三峡电站总共获得收入超过了4 000亿元，已经超过了三峡工程2 500多亿元的投资——这包括了为移民修建房屋等所有开支，以及大坝和水电站相关的工程建设成本（大约是1 300亿元）。如果按照市场电价来计算，三峡工程创造的经济效益就会超过1万亿元。实际上，中国的"市场电价"也要受到政府管制，低于欧洲、日本、美国等世界上其他工业化国家的平均水平。仅发电一项，三峡工程就大赚特赚了。

三峡工程蓄水发电是2003年，迄今已经超过20年了。这20年来，其下游的长江河段再也没有发生过溃坝的险情，连超过警戒水位的情况都很少发生。江汉平原地区在防洪方面的投入和损失因此极大地减少了。湖北、江西等省每到夏天就高度紧张、随时准备全民动员抗洪救灾的时代看起来是一去不复返了。

三峡工程实在是一个功在当代、利在千秋的伟大工程，它也成为中国经济崛起的一个有力支撑。不过，今天我想跟你讨论的关键点并不在于三峡工程有多么伟大。我是想拿三峡移民的故事和"最牛钉子户"的故事作一个对比。

重庆"最牛钉子户"拒绝搬迁，使整个街区改造计划延误了3年。整个三峡移民130多万人，难道人人都是自愿搬迁的吗？这是不大可能的。虽说去了沿海地区，经济条件会有所改善，孩子上学、年轻人就业、老人看病方面的条件也更好，但即使把这些因素都考虑进来，很多人也未必想搬。

中国有句俗话，"金窝银窝不如我的狗窝"——物质生活条件的有限改善，并不总能弥补搬迁带来的文化心理上的无形损失，比如对改变风俗习惯的抗拒、对儿时生活环境的依赖、与亲朋好友分离的痛苦、对祖宗坟茔的牵念等等。"舍小家、顾大家"这样的说法，大部分人听得进去，但总有小部分人听不进去。不能接受搬迁的人在这130多万中肯定是极少数，但即使是跟鹤兴街改造一样，280多户里只有1户这样的人，130万里也有差不多5 000人。如果三峡工程面临着5 000个"最牛钉子户"，三峡大坝可能就会修不起来，至少也是要面临极大的延误。如果发生这样的事情，那就是整个国家十多亿人民共同的损失，重庆、湖北地区数千万人民的损失尤其巨大，那些愿意搬迁的居民也会失去改善生活的机会。

　　三峡移民，是政府与130多万居民进行"集体谈判"的过程。鹤兴街改造，跟280户居民集体谈判的成本已经很高了，但跟与130万人进行"集体谈判"的成本比起来，就可以说是微不足道了。我们能够最终修建好三峡工程，关键的第一步就是能够控制好这个"集体谈判"的成本。

　　一个企业生存的关键，在于它能否控制好成本——成本太高，产品定价就会跟着高，卖低了亏损，卖高了没人买，企业就会亏损倒闭；成本很低，产品定价就可以定得比竞争对手低，有利润、销量大，企业就会发展壮大。同样的道理，一个国家发展壮大的关键，也在于它能否控制好经济运行的成本。交通通信这些基础设施的建设成本就很重要，但更重要的还是制度运行的成本。

　　三峡移民的谈判成本是如何得到有效控制的？理解这个问题，可以有效地帮助我们理解中国经济体制的运行模式以及它的特殊优势。

　　兴建大型工程的谈判成本，可以高到几乎无限大。举几个极端的例子，中国古代，秦朝大规模修建长城、秦直道、阿房宫等大型工程；隋朝修建大运河；元朝治理黄河泛滥修建黄河大堤，都无法控制好"谈判成本"，简单地使用军事暴力来调动人民。人民苦不堪言，发动了武装起义，反过来用暴力推翻了秦朝、隋朝和元朝。集体谈判问题处理不好，最严重的后果就是引发巨大的社会动乱，人民的生命财产遭受不可估量的损失。另一个极端就是谈判谈不下去，最后只能放弃大型工程修建计划，那么工程带来的好处就会全部消失。没有一个一个的基础设施工程作为支撑，国家经济也就绝不可能有蓬勃发展的希望——我们今天不能想象，如果没有包括三峡工程在内的许许多多大型电站，没有遍布全国的铁路、公路、输电网络、无线通信网络等重大基础设施，中国经济会变成什么样子。

在被动的社会动乱和主动放弃发展机会之外，第三个选择就是迎难而上，把谈判成本控制到各方面都能接受的程度，顺利推进重大基础工程建设。这是国家发展唯一正确的道路。要做到这一点，可不容易。

那么，中国是怎么把这个问题解决好的呢？

今天这封信已经很长了，我明天还有很多工作要做，过一段时间再来跟你谈一下我对这个问题的思考。

第七封信：三峡移民的故事（2）

小林，你好：

距离上一次给你发邮件，又过了好久。你在回信中说，迫不及待地想知道上一次我提到的问题的答案。今天我们就再来更深入地思考一下这个问题。

克服巨大的谈判成本，顺利推进像三峡工程这样的大型基础设施，中国是如何做到的？这个问题有点"烧脑筋"，对于像你这样的年轻人来说，可能有点不好理解。今天我们就一起来"烧一烧"我们的大脑，相信如果你能认真理解这封信的内容，你对中国的理解就会又大大地加深一层了。

中国在这方面最大的优势是，有一个能够统筹全局、上下兼顾的政府体系。

中央政府从全国人民的利益出发做决策，地方政府负责执行，地方要服从中央。三峡工程如果从地方利益出发，就很难推动。沿海地区的人民不会欢迎三峡移民过来分他们的土地，基层政府也不会喜欢凭空多出一堆给新移民建房子的工作。三峡地区的人民很多也不想搬，基层政府更不会希望多出这么多麻烦事，挨家挨户去搞说服动员工作，累死累活，还要得罪人、被人骂。

三峡上游的重庆市区和下游湖北江汉平原的人民，他们受益大，希望三峡工程早日建成，但最麻烦的工作并不需要这些地方的基层政府去做。这种格局下，如果没有一个下级服从上级的政府体系，各地政府只对自己的利益和自己辖区的人民利益负责，移民工作就很不好推动。

一个地方政府，既要对辖区内的人民利益负责，又要对周边地区乃至全国人民的利益负责。所以，选择政府官员的时候，那就既要考虑辖区人民的意见，也要考虑周边乃至全国人民的利益。中国地方政府的行政官员的任免，就与美国等西方发达国家不同。

美国的地方主官——州长、市长、镇长，是由单纯的投票竞选制度选举产生的，在哪个地方当官，就由哪个地方的居民投票决定，得票多的人当选。这样选出来的官员，从制度设计的逻辑上来看，就应该是只对本地区选民的利益负责，不对其他地区选民的利益负责。而且，这些地方主官，都有一个固定的任职周期，一旦当选，不管干得好不好，都能干到任期结束。

中国的地方主官的选任程序就不是这样的。省长、市长、县长、镇长的任命，都是由上级组织部门提名候选人，再由本地人民代表大会投票决定；如果要免职或者调离，也是由上级部门提议，交由本地人大投票决定。上级的组织任免程序中，也包含了民意调查、各级相关部门打分等各种民主评议机制。民主程序和上级考察相结合，以此来决定官员的任免。这样选出来的官员，做事情就会兼顾全局利益和本地利益——全局利益优先，在不破坏全局利益的情况下，积极为本地人民谋福利。如果这个官员在任上犯了严重的错误，随时可能会被上级免职或者调离。

三峡地区的基层政府工作人员，当他们面临本地短期利益和全局的、长期的利益冲突的时候，只能以国家全局利益、长远利益优先，积极推动移民工作，别无选择，否则就会被上级免职。但同时，他们又要积极维护本地人民的利益，积极向上级反映本地老百姓的各种诉求。他们中的很多人，自己的家庭也是要拆迁移民的。他们有责任在顾全大局的同时，尽可能让移民们得到更好的补偿、遭受尽量少的损失。他们夹在中间，承受了巨大的压力，有一些人甚至因为过度劳累等因素，牺牲在了四处奔波的工作路上。

实践证明，这些基层干部很好地完成了任务，成为三峡移民工作的中流砥柱。辛勤付出的他们，永远值得我们尊敬。现在重庆市的三峡纪念馆里，还摆放着一些在移民工作中牺牲的基层干部的遗物，供人瞻仰。

一个统一而高效的多层级政府体系，可以实现有力的社

图 13　一艘客轮即将驶过船闸升降机

会动员。

三峡移民，就是一场社会动员。

动员这个词，在英语里叫mobilize或mobilization，它并不是经济学中的常用语，而是政治军事方面的常用语。它用得最多的地方是"军事动员"，即号召和组织人民参加军队或者为战争提供物资运输等后勤服务。一些日常的组织活动，比如学校招聘一批老师来教学、企业招聘一批工人来工作，这不叫动员。只有在一些不常见的情况下，为了短期的特殊目的，把一大群人快速组织起来集体从事某项活动，才叫动员。

社会动员能力是一个国家实力的重要体现。它在经济学中很少被研究，也很少有人把它跟中国经济崛起联系起来。实际上，它是中国崛起的一大关键。

如果用经济学的思路去看待动员能力，可以把它理解为"低成本推动集体谈判"的能力——当政府需要集中资源完成一个短期目标的时候，可以快速推动跟数万人乃至数十万、数百万、上千万人的集体谈判，大家快速达成一致意见，并开始投入行动。

"动员"不是完全平等自由的市场交易——它背后有强制力来保障执行。比如，"最牛钉子户"事件，法院判决强制执行之后，执法部门就可以用暴力手段把"最牛钉子户"赶走；如果遭到反抗，还可以将其逮捕并判刑。

但是，动员又不是完全的暴力驱动，不是用军警直接赶人、抓人。它最重要的部分还是"谈判"，是沟通和接触。

要尽可能避免暴力和强制，动员与被动员的人之间，就要有充分的信任关系。政府要充分考虑被动员者的利益——在三峡移民中，就是要为移民提供补偿和未来的生活保障。这是基础。

接下来，最关键的，就是有贴近被动员人群的基层组织去做沟通说服工作。如果在三峡工程需要动员移民的时刻，临时从千里之外派遣一批陌生人去跟山沟里的居民们"讲道理"，他们就很难听得进去。因为，他们不大可能信任这些陌生人，不会轻易相信陌生人给的承诺。能让居民们相信的，只有日常生活中"低头不见抬头见"的"熟人"。

中国的基层组织非常发达。每个村庄都有村民委员会、每个社区都有居民委员会。这些委员会跟基层政府平时一直密切配合，政府还会给他们发放工资补贴。

基层组织的工作人员长期跟居民们打交道，提供诸如房屋维修、纠纷调解、养老看病方面的协助等服务。他们本身也就是这些在村庄和社区里长期生活的普通人，是大家低头不见抬头见的"老熟人"。

只有这些人积极参与到"集体谈判"中来，政府和被动员的居民们才能进行彼此信任的谈判沟通。他们去跟老百姓讲道理：要舍小家、顾大家，为国家民族的未来发展牺牲一部分眼前的利益……老百姓才能听得进去。

在关键时刻，这些人不仅要会讲道理，还要"以身作则"，自己先被动员起来，其他人才会真的相信动员是可信的，跟着参与。

被称为"三峡移民第一户"的是重庆秭归县夷陵区杨贵店村的谭德训老人一家。这里是三峡工程最先开工建设的地方，也就最早需要搬迁。

工程的动工日期是1992年12月20日，快要到元旦和农历新年了，按照当地的风俗，"六腊不搬家"——农历的六月和十二月（即"腊月"）不宜搬家。这个时间搬家，会给房屋主人一家带来不幸。

谭德训老人一家都不想搬，他的老伴和儿子都反对。但是，谭德训老人是一个有二十年党龄的共产党员，之前做过生产队的队长。"生产队"是比"村"还要再低一级的村民自治组织。生产队长主要负责组织邻近的村民一起种地搞生产，不是政府公务员，更没有行政级别。但它确实跟普通村民不一样，跟政府的关系更密切。

谭德训老人前思后想，召集一大家子人开会，说："家庭事小，国家事大，工程不等人，腊月不搬家那都是封建迷信，我们不能信它。"

1992年12月28日，作为共产党员和前生产队队长的谭德训老人带着全家老小共16口人，顶着寒风拆掉了世代居住的7间大瓦房，砍掉了自家6亩多竹林、400多株松树和200多棵柑橘树，搬进了政府临时搭建的简易帐篷里。

周边的村民们看着老队长带头搬迁，也就纷纷跟着自愿搬走了，三峡工程得以顺利开工。

新中国这种强大的社会动员能力，跟中国的历史文化密切相关，中国人普遍具有强烈的家国观念，认可"舍小家、顾大家"的道理。同时，它也因为有了中国共产党的领导和社会主义思想的广泛传播而变得更加强大。

中国有句古话，叫作"平时不烧香、临时抱佛脚"，用来形容那些平时不努力，遇到问题就手忙脚乱的人。如果平时不把基层组织建设好，遇到了战争、疫情、重大工程建设等特殊事件，临时想要再来动员人民群众，就会手忙脚乱，效果也不好。

基层组织需要在日常生活中一直积极运转，每天都跟普通老百姓打交道，建立好信任关系，在出现非常情况、需要临时进行社会动员的关键时刻，才能真正发挥作用。中国共产党一直非常重视基层组织建设。即使在巫山山脉的深山之中，在杨贵店村下面只有几十户人家的、几乎与世隔绝的聚居点，仍然在几十年前就有了政府支持组建的生产队，并将他们中像谭德训这样乐于为村民们做贡献的人培养成为共产党员，选择他担任了生产队队长。这就让社会动员变得容易了许多。

社会主义思想尤其强调社会财富分配的公平性，主张在发展经济的同时控制好贫富差距，全面推进共同富裕。在世界上任何国家，占人口绝大多数的都是普通老百姓，他们没有巨额的资产可以坐享收益，需要长年累月的辛苦工作才能维持家庭生计。社会主义的主张符合中国人民的利益，因而也容易取得他们的支持。只要有共产党员和政府官员带头，在需要社会动员的时候，说服他们为了全社会的发展放弃一点个人眼前利益，参与动员就可以是一件比较容易的事情。

较低的、可控的社会动员成本，是中国社会主义制度优势的一个重要体现。用经济学术语来说，就是我们的制度在推动集体谈判方面的交易成本较低，这就可以极大地提高这个制度下经济活动的效率。

今天这封信就写到这里，下次再聊。

第八封信：太平洋铁路的故事

小林,你好:

从你的回信来看,你已经比较好地理解了"交易成本""集体谈判""社会动员"这些经济学、社会学的专业术语。你很认真地读了我写的东西,并且还看了一些别的文章来帮助理解。这真是让我高兴。

上一封信我讲了社会动员能力与中国经济发展的关系。这封信我们再来看一个与动员能力密切相关的概念——组织能力。

把人动员起来以后,就得组织好,任务才能完成。这是很简单的道理,对不对?

比如,长江突然爆发了大洪水,为了抗洪救灾,政府工作人员数量不足,这就需要进行社会动员,让沿江地区的群众也参与到抗洪中来。

经过动员,我们假设——有3万群众愿意来参与抗洪。政府不能让这3万群众自己跑到长江边去抗洪,爱干啥干啥。必须想办法把这3万人组织起来——身强力壮的去扛沙包加固长江大堤，身体比较弱的就负责巡查大堤，发现哪里有危险及时报告；如果还有会开卡车的，就开车运输石块沙土。还要按照地段分工，确保每一段江堤都有人加固和巡查；要分时间，有人白天干活晚上睡觉，有人白天睡觉晚上干活，中间要做好交接班。这两三万人干活，还需要几千人负责给他们采购生活物资、送水送饭，遇到有人受伤了还要及时医治……

能不能把这3万志愿者组织好，是抗洪成败的一大关键。如果组织不好，动员成本就会被大大浪费。

三峡移民，居民们经过动员同意搬迁去外省，路上的交通、食宿、目的地的住房建设等都需要有人组织。不然，上百万人的搬迁就会变成一场灾难。

要理解组织，我们首先要理解"分工"和"合作"。

分工是经济活动存在的前提。稍微有点智慧的生物，就会懂得利用分工来提高效率。即使是狼群，他们在狩猎过程中，也会有明显的分工。

一个狼群一般由大约20至50只左右的狼组成，它们就是一个组织。狼群要活下去，关键是要狩猎。狼群中大约有一半的狼缺乏战斗力，不能参与狩猎。它们是未成年的小狼或者狼崽，以及老弱病残。

在寻找猎物的过程中，狼群会走成一条线。一般来说，老弱病残、缺乏战斗力需要照顾的狼会走在队伍的中间，狼王和其他强壮的公狼一前一后把他们保护起来。这是一种简单但有效的分工模式。

发现猎物后，群狼会根据情况商议狩猎策略。狼王站到高处指挥，有的狼负责进攻，有的狼负责包围埋伏。它们会根据狼王发出的叫声随时调整位置。

狼的猎物包括鹿、羊等食草动物。这些猎物都有很强的奔跑能力，其中以鹿跑得最快，成年健壮的雄鹿可以轻易逃离狼群的追捕。要想吃到鹿肉，狼群需要在鹿群中发现跑不快的老弱病残，集中攻击。

狼王会让几只狼先去冲击鹿群，让它们惊慌失措、四下逃散。负责驱赶的狼并不是最强壮的，只有发现了弱小的鹿被大队伍甩下之后，埋伏在四周的最强壮的公狼才会突然出击，快速追上被锁定的猎物，将其杀死。

捕获猎物之后，狼王和强壮的公狼们先吃最好的部分，因为它们体力消耗最大，最需要补充食物来保证下一次狩猎的成功。剩下的才由狼群中的老弱分食。

不同的狼做不同的工作，这就是分工。彼此之间能够配合好，一起把猎物捕获，这就是合作。有分工才有合作，分工是为了更好的合作。狼群分工与合作的"组织基础"，是狼群服从狼王的统一指挥。狼王是上级，其他狼是下级。

人类跟狼群一样，很早就掌握了通过分工来狩猎的办法。

人比狼更聪明，可以组织得更好、分工更细。原始人在捕猎过程中，不仅会让不同的人驱赶猎物和打埋伏，还有能工巧匠负责制造长矛、弓箭这样的狩猎工具，还有人负责设置陷阱等等，狩猎能力比狼群强大得多。这让人类很早就占据了食物链的最顶端，可以捕猎几乎所有类型的猛兽，包括狼、狮子、大象、老虎、棕熊等等。要是单打独斗，人类都不是这些动物的对手，但学会分工协作的人群，可以轻松战胜它们。这就是组织的力量。

亚当·斯密的《国富论》第一章就讲的是分工合作。他举了一个著名的"造图钉"例子，后来被几乎所有介绍经济学的书反复引用。他说一个人一天也造不了几枚图钉，但在图钉工厂里，十几个工人分工，有的人负责拉丝，有的人负责把铁丝切成段，有的人负责把铁丝的一头磨尖，有的人负责包装……最后一天可以造4 8000枚图钉，平均每人每天制造约四千枚，生产效率提高了成百上千倍。

分工可以提高生产效率，在今天已是人所共知的常识。我们生活中的一切物品，从锅碗瓢盆到汽车手机，没有任何物品是一个人单独制造出来的，都来自有组织的分工合作。

分工分为两种形式，一种是组织内部的分工，一种是组织之间的分工。亚当·斯密所举的例子只是其中的一种——组织内部分工。把钢铁加工成图钉的过程，在图钉工厂内部实现，工人们之间的分工就是组织内分工。图钉厂还需要从钢铁厂购买生铁来做图钉，它与钢铁厂之间的分工，就是组织之间的分工。

组织之间的分工，主要通过市场交易的方式来完成——图钉厂向钢铁厂购买钢铁，谈判、签合同、交货、付款……这么一套流程。

组织内部的分工，主要通过上下级管理的方式来完成。在图钉厂，老板是上级，工人们是下级。老板安排谁做什么工作，谁就做什么工作。

在中文里，组织既是一个动词，也是一个名词。当它作为一个动词的时候，它指的是：把一大群人分为不同的层级，以下级服从上级为基本规则，再加上其他一些办法，让这群人为了一个共同的目标而行动。

当"组织"作为一个名词的时候，它指的是：按照下级服从上级的模式、为了一个共同目标进行分工协作的人类群体。

没有下级服从上级作为基本规则的人群，不是一个组织。比如，国家就不是一个组织。一个国家的公民，如果没有加入企业或政府等任何机构，就没有需要服从的上级。但政府是一个组织，企业是一种组织，军队也是一种组织。我们前面提到过的生产队、村民委员会等等，也都是组织。

不同类型的组织目标不一样。企业的目标是盈利，也就是赚钱，我们称之为营利性组织。政府、军队等不是营利性组织。政府的目标是实现它治理下的人民利益最大化，包括维持社会稳定、提供社会救济、推动经济发展，等等。军队的组织目标则是维护国家安全、抵御外敌入侵等。此外，还有一些民间非营利组织，比如足球协会，它的组织目标也不是赚钱，而是推动足球运动的发展。

组织和组织之间，不通过上下级关系来合作，而主要通过市场交易、法律规则等方式来进行。比如，两个企业做生意，谁也不是谁的上级，那就只能平等协商、签订合同，然后按照合同来付款和交货。政府和民营企业之间，政府也不是企业的上级，政府只能根据法律来对企业的违法行为进行监督。如果企业一直在合法经营，政府就不能干涉企业的各种活动，也不能直接给企业下指令。

人类社会的运转，主要依靠不同组织之间的分工、合作、交易。

任何组织要顺利运行，都需要它们具有良好的组织能力。

组织能力，对一个国家而言，是一种比动员能力更常见、更基础的能力。"动员"是遇到特殊情况才需要采取的行动，而"组织"则在任何时候都需要。

中国的执政党——中国共产党，也是一种组织。它在1921年成立的时候，只有50多个成员，是一个非常非常小的组织。但它只用了28年的时间，就拥有了大约500万名党员，领导了数百万人的军队，建立了新的中国政府。超强的组织能力，就可以实现这样的奇迹。

在中国经济崛起的过程中，无论是政府还是企业，各种形式的组织机构都表现出了强大的组织能力。中国之所以强大，就是因为拥有许多非常强大的组织——强大的政党、强大的军队、成千上万强大的企业……要理解中国崛起，就一定要明白为什么这些机构能够拥有如此强大的组织能力——也就是让许许多多不同教育背景、家庭背景的人在同一个机构里彼此密切合作，完成组织目标的能力。

自古以来，中国人就是特别容易被组织起来的民族。早在4千多年前的远古时期，就有大禹治水的故事，流传至今。成千上万的中华古人，在大禹的领导下，战胜了一场遍布全中国的超级大洪水。那个时候，中华先民们就具备了团结起来与大自然战斗的能力。

世界许多国家的上古传说中，都有与大洪水相关的故事。其中尤其著名的，是《圣经》中"诺亚方舟"的故事。面对大洪水，一个叫诺亚的人造了一艘巨大的方形木船，把一家人和许多动物装进方舟，躲过了大洪水。这个故事的寓意显然不如大禹治水那么有战斗精神，诺亚在面对大洪水的时候，完全服从神灵的旨意，依靠自己的能力保护一家八口，而让其他人被大洪水淹死。

中华古人们，面对大洪水无所畏惧，更不相信有什么"神灵的惩罚"之类荒诞无稽的说法，大胆地团结起来，共同奋斗，保护整个中华民族。这种精神早已刻入了中国人的文化基因之中。

世世代代的中国人，都听着大禹治水的故事长大。故事中，大禹为了完成治理洪水的任务，常年奔波在抗洪抢险第一线，无暇回家看望家人。

据说，大禹在往来奔波的过程中，曾经有三次从自己家门口经过，也没有进门去看一看家人，为的就是能够把所有时间精力都用于拯救被洪水威胁的人们。"三过家门而不入"的故事，代表着中华文化强烈主张集体利益高于个人利益——这是一种很强的全局思维能力。

此外，作为人类历史上大规模农业耕作历史最长的民族，中国人具有特别强烈的家庭观念——农耕可以让几代人定居在一个地方生产生活。稳定的世代居住经历，无疑会极大地强化人类的家庭观念。中国人为了家庭的幸福、为了子孙后代的幸福，可以付出其他民族难以想象的努力和牺牲。中国人想问题，总会很自然地想：我现在做的事情，对子孙后代会有什么影响？这是一种很强的长远思维能力。

全局思维和长远思维的普遍存在，让中国人成为极为善于通过组织来完成目标的民族。这一特征即使在中华民族历史上最黑暗最衰弱的时期也依然得以保留。

1862年，美国总统林肯批准通过了第一个建设太平洋铁路法案。这条铁路可以连接起美国东海岸的纽约和西海岸的旧金山，建成以后，将形成人类历史上第一条跨越整个大洲的铁路。它需要修建的路段长1 100公里，其中最关键的路段是穿越内华达山脉的部分。它在崇山峻岭中穿行，必须建设50座桥梁和10多条隧道，施工条件极为艰苦。

建设初期，铁路公司招聘一批爱尔兰工人来做。爱尔兰曾是英国的殖民地，从12世纪开始就不断遭到英国的侵略。爱尔兰人民数百年来长期受到英国侵略者的压迫，生存处境极其艰难。等到欧洲人发现美洲大陆以后，很多在本地活不下去的爱尔兰人就来了美国。当时，美国的精英阶层还是以英国人后裔为主，爱尔兰人虽然也是白人，在美国却仍然居于社会中下层，生活普遍艰难，为了生计，他们愿意到尚未开发的西部辛苦工作，当铁路工人。

不过，内华达山区的路段开始建设后，这些爱尔兰工人就无法忍受山区艰苦且危险的工作条件，纷纷逃走了。施工进程陷入僵局。

面对僵局，铁路公司的高管克劳克建议雇用华人。当时，已经有许多华人在美国西海岸生活，大多数从事农业、餐饮、洗衣等最低端的工作。铁路公司的领导层对这些华人并不熟悉，仅仅是因为他们知道中国有万里长城，觉得能在崇山峻岭中修建万里长城的民族，应该也能在山区修铁路。

管理层抱着试试看的心态，在加利福尼亚州雇用了首批来自中国南方的50名华裔工人（后来被统称为"华工"）。1865年2月，这些华工走进工地、开始干活。他们看起来身材瘦小，平均身高比白人矮了许多，体型也很单薄，很难想象他们可以比爱尔兰人干得更好。

但是管理层很快就被这批劳工的工作效率震惊了。他们发现，中国劳工同时具备三大优点：吃苦耐劳、纪律性好、头脑聪明。各种施工技术，中国劳工总是学得很快，每天准时起床、准点开工，从来都是埋头苦干，也没有酗酒、赌博等不良嗜好，非常服从管理。爱尔兰人也很聪明，但他们喜欢喝酒，经常因为醉酒而耽误工作，甚至发生聚众斗殴之类的事件，遇到特别艰苦的施工路段就干脆"一跑了之"。

尝到甜头的铁路公司立刻决定大规模招聘华工。他们派人直接到中国沿海地区招人。1865年到1869年的4年间，约有14 000多名华工参加筑路工程，占工人总数的90%，他们大多来自广东和福建两省。最后，原来预计要14年才能修好的太平洋铁路，只用了7年时间就完工了。铁路完工以后，从纽约到旧金山的交通时间，从之前的6个月缩短到了7天。这段

图 14　在太平洋铁路上工作的中国工人与其他国家的工人的合影[1]

铁路也开启了美国经济增长的黄金时代。

　　可以说，华工们的血汗，支撑起了现代美国的国家骨架。在太平洋铁路开通之前，美国的人口和经济活动主要集中在大西洋沿岸，在西边的太平洋沿岸，只有少量城市定居点，

---

[1]　图片来源：The Bancroft Library, University of California，https://journals.sagepub.com/doi/full/10.1177/00031348231191453

只有在这条铁路开通以后，西部地区才开始了真正的全面开发。

在铁路修建过程中，华工们受尽压迫。他们工作效率远高于白人劳工，但工资却比白人低，生活环境极其糟糕，铁路公司也几乎不给他们提供任何安全保障。在修建内华达山区道路的过程中，华工们因为寒冷、事故、过度劳累而大量死亡，死亡率高达10%。

铁路修筑完以后，很多华工留在了美国。美国人不因为他们的贡献而给予必要的尊重，反而大加歧视和排斥。因为华人工作总是那么努力而高效，那些找不到工作的美国白人认为是华人抢了他们的工作机会。

1882年，美国国会通过《排华法案》(Chinese Exclusion Act)，这个法案公然污蔑称："美国政府认为，中国劳工进入美国会危及美国境内某些地方的良好秩序。"这个法案也是美国历史上第一个专门针对某一国家族群而制定的歧视性法案。而美国民间，在法案规定的歧视性措施之外，各种迫害华工的事件更是层出不穷。

尽管如此，当时还是有许许多多的中国劳工千方百计，甚至冒着生命危险，前往美国工作。到了美国之后，明知美国社会不欢迎他们，有各种歧视迫害，还有很多人竭尽全力想要留在美国。这是为什么呢？

这是因为,在那个时代,他们在中国生活情况更糟糕。

19世纪后半期,中国人处在清政府的统治下。这个政府已经统治中国200多年,政府官员们变得腐败透顶,他们中的绝大部分人都过着奢侈无度的生活,把政府的权力和财政收入变成自己和家人发财致富的工具。他们和地方上的地主豪绅们狼狈为奸,掠夺老百姓土地,让老百姓只能租种地主的土地,向地主缴纳沉重的地租。同时,还要向政府缴纳沉重的税负,地主们有钱有地却很少交税。

统治者们腐败无能,不能组织起有战斗力的军队抵抗西方列强的殖民侵略,被迫放开鸦片进口和种植,让大量中国人染上毒瘾。一旦人民稍有反抗,就会被以"造反"的罪名全部杀掉。

清政府甚至连最基本的社会治安都无法维持,土匪强盗横行。普通的中国人,生活在贪官、地主、豪强、地痞流氓、土匪强盗、外国列强的多重压迫之下,每天过着生不如死的日子。

华工们宁可冒着生命危险远渡重洋,在异国他乡忍受歧视和压迫,也不愿意待在自己的家乡。这是一种多么悲惨的命运啊!

此时,中国拥有这么多吃苦耐劳、纪律性强、头脑聪明的人民,国家却是一盘散沙、一片混乱,连对抗外敌入侵的军队都组织不起来，更谈不上谋划建设像美国太平洋铁路这样的伟大工程了。这不是中国人民不行，而是因为当时中国的上层统治者太坏了。他们既道德败坏，又能力低下。

忍无可忍的中国人民自发组织起来开展武装革命，经过几十年艰苦卓绝的战斗，推翻了这些由无耻无能的官员组成的政府，消灭了土匪豪强，赶走了外国侵略者，建立了新中国。中国从中央到地方，从政府到企业，各个管理岗位上，都重新选择了一批组织能力强、道德水平也比较高的人来担任，国家也因此复兴。

一个组织的效率，是由被组织者和组织管理者两个方面的素质共同决定的。几千年的历史中，中国几乎总是拥有世界上最好的、素质最高的被组织者——中国人民，但却并不是总会拥有最好的组织管理者。当组织管理者——主要是军队和政府的官员——的道德水平和能力素质都很高的时候，中国就会变得非常强大；反之，就会变得相对弱小。

这个道理对任何组织而言都是一样的。一家经营良好的企业，一旦被换上了无能的领导，很可能就会迅速走向衰落甚至破产。古今中外，都有很多的例子。有的人艰苦创业，建立了一家成功的企业，去世以后由儿女继续经营——企业的工人（被组织者）基本没变，公司老板（组织者）变了，没多久就把企业搞垮了。这种事情经常发生。

20世纪80年代，美国有一位华人企业家——王安，他白手起家，建立了著名的王安电脑公司。公司在他的领导下发展迅速，成为美国最顶尖的电脑公司之一，王安本人也在1986年成为美国第五大富豪。但是，他晚年罹患癌症，难以继续管理公司，就把公司管理权交给了自己的儿子王烈。王烈能力平庸，很快就把公司带到了危险的境地。王安在1990年因病去世，王安电脑公司最后也在1992年申请破产。

那么，有没有管理者素质不变，而被管理者素质变化导致组织效率变化的情况呢？这种情况也有。美国太平洋铁路的修建过程，就是一个典型——公司管理层不变，底层劳工从爱尔兰人变成了华人，组织效率立刻迅速提升。

类似的故事在中国改革开放数十年后再次发生。

改革开放以后，中国开始允许外资进入，很多欧美的跨国公司看中了中国劳动力廉价的优点，纷纷到沿海地区投资建厂。最常见的模式是：跨国公司从全世界（包括中国国内）采购原材料，运到中国的工厂，由中国工人组装，再把产品卖向全世界。全球知名的运动品牌如阿迪达斯、耐克等都是这种模式。

经过三四十年的发展，中国人的收入水平越来越高，工人工资也涨上来了。80年代后期，沿海地区工人月平均工资才一千多元，希望进厂工作的人在工厂门口排起了长队。最近十来年，情况完全变了：工厂平均工资已经涨到了一个月七八千元。而且，即便这样的工资水平，也很难招到合适的工人。

为了控制成本、保持利润，从2010年前后开始，很多外资企业关闭了在中国的工厂，转而到东南亚、南亚的越南、印度等地开办工厂。在这些地方，月工资两三千元仍然可以找到身体健康的青年劳工。每当有著名的跨国公司关闭他们在中国的工厂，就会引发国际国内一片哗然，好多人据此声称"中国制造的竞争力正在下降"！

很快，大家就发现真实情况并非如此——中国制造的竞争力仍然非常强劲。中国的出口额仍然在快速增长，从2010年的10.7万亿元增长到了2023年的23.77万亿元，翻了一倍多。2023年，中国货物贸易进出口总额占世界比重上升至12.4%，已连续7年位居世界第一。相反，那些把工厂转移出去的跨国公司，却遇到了不少问题。

东南亚、南亚这些地方的工人工资虽然低，但组织纪律性、工作踏实认真的程度、知识文化水平等比中国的工人要差一些。这些跨国公司，在中国和在其他国家，用的都是同样的管理模式和生产流程，但劳动者群体的素质不一样，生产出来的产品质量就不一样了。

有一个非常著名的国际运动鞋品牌，之前在中国生产，以优异的质量享誉全球。那时候,国内有一些小鞋厂,就仿造该品牌的鞋子,做"冒牌货"在市场上卖。假货的质量比真货要差一些,网络上也有很多关于如何鉴定真伪的文章,告诉大家:线头比较凌乱的是假货,鞋底粘胶有溢出的是假货,等等。总之,基本都是根据产品质量来鉴定真伪。

2010年前后,这个品牌关闭中国工厂,到东南亚建厂。从此以后,该品牌的鞋子质量就开始直线下降:断线、开胶、鞋底断裂等问题层出不穷,甚至连国内的假货都不如了。

有人开玩笑说:"如果买了他们家的鞋子,线头整齐、封胶严密,穿一年都没有出现开胶或者断鞋底的情况,那肯定是买到假货了。"

这些年,这个牌子的假货也很少见了,因为消费者不待见这个品牌,连带着假货也不好卖。很多国内小厂生产的自主品牌运动鞋,因为质量过硬而越卖越好,拿下了很多市场份额。这家国际著名的运动品牌,现在市场份额不断萎缩,营业利润也连续好几年下降。

类似的事情还发生在了一家知名的美国高科技企业身上。这家企业最重要的产品是它的智能手机。长期以来,它都会委托中国工厂为它生产智能手机。这个手机也以极为优异的质量而深受全球消费者喜爱。但是,从其第15代产品开始,这家公司把相当一部分手机生产转移到了南亚地区。

那里的工人工资水平更低，可以节约不少成本。这一代新的智能手机生产出来之后，消费者普遍反映：南亚国家生产的版本，质量不如中国工厂生产的，出现各种小毛病的概率更大。在二手手机市场上，中国版本可以比南亚版本贵出几百块钱。

有网络上的视频博主把两个版本进行了对比。通过拆机对比发现：中国制造的该品牌手机，内部零件组装更加干净整齐，而南亚地区制造的同型号版本则要差一些，比如，摄像头里边更容易发现有灰尘。

同一家公司、同样的产品、同样的生产流程，中国工人来做，就做得更认真更细致，小毛病更少，这就是被组织者素质差异的体现。

长期以来，有很多人认为，中国改革开放以来的经济增长是"国际产业转移"的结果。就是说，发达国家人民收入水平更高，劳动力工资也更高，为了节约劳动力成本，发达国家的企业把很多低端产业的生产制造环节转移到了中国。这就为中国创造了大量的就业机会，推动了中国经济的增长。

这个说法有没有道理呢？有道理。但它只讲了故事的一个方面。这个故事还有另外一个方面。

全世界经济落后的国家有很多，廉价劳动力到处都是，为什么要把就业岗位转移到中国呢？

这是因为，中国不仅有数量庞大的人口，而且中国人具有极好的组织纪律、极强的吃苦耐劳精神和非常聪明的头脑，平均素质很高。发达国家的企业，它们要在全球竞争中保持竞争力，除了到中国来投资以外，没有更好的选项——如果它们在本国生产，高昂的劳动力成本会让它们的产品失去价格优势；如果它们在其他发展中国家生产，劳动力的素质（以及电力、通信、交通等基础设施水平）又不足以保证生产效率和产品质量。

只有在中国生产，和中国的劳动人民合作，利用中国修建的基础设施，才能生产出价格便宜、质量又好的产品，销往全世界。

在中国改革开放40多年的时间里，因为高效的中国制造，发达国家长期享受着低廉的物价水平——它们的超市里摆满了来自中国的平价消费品，老百姓生活成本很低。跨国企业从中国赚到的钱大量回流本国，投资于高新技术产业，形成了经济繁荣、人民安居乐业的局面。这些都与中国人民的辛勤劳动密不可分。

中国经济增长如此迅速，归根到底，是人的优势。

我们拥有很好的管理者——极为高效的政府和优秀的企业家群体，同时又拥有很好的被组织者——普通中国劳动者。这两者结合起来，让中国可以建设像三峡工程、新安江水库这样伟大的基础设施，为经济发展提供充足的电力等基础支撑；同时，又可以让中国拥有极为高效的企业组织，快速生产出各种高质量的、低成本的产品——大到万吨巨轮，小到牙签、纽扣。而且，我们还很讲诚信，跟中国人做生意，不容易被骗，交易成本很低。

但是，很多人并不认可这一点，认为中国经济的崛起完全是来自发达国家的"恩赐"。发达国家可以随时切断对中国的资金和技术"支持"，把这些好东西转移到其他发展中国家，或者回流本国。

从2019年开始，以美国为代表的某些发达国家政府，开始把这种错误的认知付诸实践。它们开始大力限制本国企业到中国投资，限制中国产品进入美国，并且对中国大搞高技术产品禁运和技术封锁。

其中，最有代表性的故事，是美国政府宣布：禁止中国的华为公司获得任何包含美国研究成果的高端芯片制造技术和设备——因为它担心华为公司在第五代无线通信技术（5G）上超过美国。美国某些政府官员认为，这样就可以阻断中国的发展。

五年过去了，实际情况是：中国经济从2019年到2024年仍然在高速增长，尤其是对外出口始终保持强劲势头，华为公司也突破了美国的技术禁运，自行研发出了高端芯片的设备和技术。

与此同时，那些转移到其他国家的跨国公司，它们生产出来的产品质量开始下降。中国本土企业趁着跨国公司离开的机会，用高质量的产品更加迅速地抢占了国内市场。

华为公司在2019年到2022年间，因为美国的芯片技术封锁，一度无法生产高品质的智能手机，在智能手机领域的市场份额急剧下降。但是，2023年，华为公司终于突破了高端芯片技术，推出了完全自主研发的芯片，并用到了自己生产的新款手机上；而把生产线转移到印度的美国高科技公司的产品却出现了质量下降的问题。于是，在中国市场上，华为高端智能手机的份额迅速增长，只用了几个月就超过了该美国公司。

几年前，我曾经看过一个纪录片，讲的是中国建筑工人在非洲的故事。中国在非洲国家修建了很多基础设施——电站、铁路、公路、机场等等。

这些国家比较穷，修公路铁路的钱大部分拿不出来，一般只能找中国贷款，修建好基础设施以后，再用这些基础设施带来的收益——比如公路的过路费、铁路的车票、电站的电费以及经济增长带来的税收等归还贷款。中国不仅提供贷款、提供技术，还要派遣大量的施工队伍去非洲。像浇灌混凝土、操作塔吊、搭建脚手架等工作，从非洲本地很难招聘到合适的工人来做，本地人工资低，但在吃苦耐劳和学习技术方面的能力

图 15　中国援建的坦赞铁路沿线一瞥

图 16　中国援建的塞内加尔摔跤竞技场内景[1]

---

[1]　图片来源：Sinmach, https://www.sinomach.com.cn/en/MediaCenter/ News/202408/t20240828_438595.html

比不上中国工人。

这些中国工人不远万里来到非洲，每天就在建筑工地上不停地干活，非常辛苦，还要忍受长时间与家人分离以及枯燥无聊的业余时光。他们工资比本地人高得多，却很不愿意在本地花钱吃喝娱乐，休息的时间几乎都待在工地搭建的宿舍，很少外出。对这种现象，很多西方国家无法理解，甚至污蔑我们是派遣正在服刑的罪犯来非洲做苦力。

记者走进工地，拍摄了工人们的生活，他们都是憨厚老实的中青年人，话不多但是生性乐观。这段采访给我印象最深刻的是，一个工人给家里打视频电话，看着电话另一头的妻子和孩子脸上笑开了花。还有一个年轻一点的工人，没有结婚，说到非洲来就是为了挣钱回家娶媳妇的，这里工资高，吃住都在工地，没啥需要花钱的，工资都攒起来等着结婚买房了。

——中国普通人的生活，就是这样，一切以家庭为中心。为了家人的幸福，特别是为了子孙后代的长远幸福，可以远离家乡，忍受外人看起来难以接受的辛苦和寂寞。而这种对子孙后代的重视，让中国人从小就在家庭中受到了非常好的教育——不仅是知识的教育，更重要的是道德品质、思维能力、人际关系方面的训练，因此，即使在文盲率极高的清朝末年，那些来自中国最底层的穷苦劳工，在美国太平洋铁路修建中也体现出来超过其他非中国劳动力的聪明才智和协作能力。等到新中国成立，这种能力终于再次被激发了出来，成就了中国经济崛起的伟大奇迹。

　　今天这封信就写到这里，下次再聊。

第九封信：企业家精神的故事（1）

小林，你好：

前面写了 8 次邮件，跟你讲了几个关于中国经济崛起的故事。正如你在回信中所说，有些故事出乎你的意料。因为，当你和身边的人谈起中国经济崛起的时候，大多数人会津津乐道一些关于企业和企业家的成功故事，很少会有人跟你讲制度成本、社会动员能力、国民组织能力这些东西。

是的，我讲的"经济学"与许多人讲的不同。我想讲的是，中国经济崛起这个现象背后隐藏的力量，而不仅仅是描述一些表面的东西。中国经济的成功，就好像一栋高耸入云的大厦，它漂亮的外墙足以引人注目，赢得大家的赞赏。但如果只看外墙，我们并不能学到关于如何修建好这座大厦的知识。

一座超级大厦，外墙装饰只是最表面的东西。支撑这座大厦的基础，隐藏在人们平时看不到的地方：它需要先往地下深挖，形成数十米乃至上百米的深坑，再用重锤反复打压，夯实深坑底部；然后，在这个深坑中放入比蜘蛛网还密的钢筋，往里边注入水泥，铸成坚不可摧的地基。地基之上，还要再修建几层地下室。然后，才会有冒出地面的建筑物本体。大厦的主体结构，由钢材和混凝土组成，里边铺设巨大的管道，装着电线、网线、水管等基础管线。只有在主体结构和管线都建好以后，才用漂亮的地板、玻璃、墙纸、石膏等对大厦内外部的空间做装修美化。再放上各种家具和电器，人们就可以在大厦里工作和生活了。

我们在远处看到大厦漂亮的外墙，在大厦内生活感受到的精致和奢华，都是最表面的部分。比如，一根看起来像是由大理石砌成的柱子，其实只是几厘米厚的大理石薄片围起来的，用手敲一下就会发现它里边是中空的——但这并不是质量问题，实际上如果真的全部用大理石砌成，柱子会太重而且很不稳固，遇到地震，很容易被震垮。把大理石薄片卸下来，会发现里边还是钢材和混凝土。钢筋混凝土不好看，却比大理石更加结实耐用。

我们对经济现象的了解，就好像观察一栋大楼一样，不能只看到外墙玻璃和大理石贴片，还要知道它的地基和主体结构是什么样的，知道埋藏在外部装潢之下的各种基础管道如何运行。中国经济取得的各种数据上的成绩，比如经济总量增速多么快、诞生了多少家世界500强企业等等，都是表面现象。更重要的东西，则隐藏在数据之下。

这些隐藏在经济数据之下的东西，人们最容易想到的是企业。我们能买到的各种商品——衣服、鞋帽、房子、汽车、电脑、手机等等，都是企业生产的。企业是经济活动的基本单元。

围绕一个国家的企业应该如何运行，就产生了两种经济理论，一种是计划经济理论，一种是市场经济理论。

计划经济理论认为，企业要服从整个国家经济发展的需求，应该由政府制订统一的经济发展计划，然后给各个企业分配生产任务，企业按照政府计划生产并交付产品，价格也由政府统一制定。比如，政府认为，国家每年应该生产1万吨钢铁，这些钢铁，1 000吨用来造汽车，1 000吨用来造轮船和飞机，7 000吨用来建设房屋桥梁等，剩下的用于其他消费品。那么，全国的钢铁厂就会分配到总共1万吨的钢铁生产任务，每个厂具体生产多少吨，也都有计划。这些生产出来的钢铁，再按照政府计划卖给汽车企业、轮船企业、飞机企业和建筑企业等等。每家企业买多少，每吨多少钱，也都按照计划来。

由于一个国家非常大，生产的物品有很多，生产计划需要制订得极其复杂。国家会专门成立一个数百人的计划委员会来负责制订总体计划，再把总体计划分配给各个地方政府，各个地方政府都还有自己的计划委员会……这样层层分解，最后一直到企业。

计划经济模式，它的缺点有两个：一是企业之间缺乏竞

119

争——所有企业都是按照统一定价和统一数量生产,企业就没有动力去搞创新,去提高产品质量,去提高生产潜力。第二个问题是,政府很难准确地知道普通人对产品的需求。人的需求是多元而且多变的。多元,就是每个人的需求都不一样,有的人喜欢吃肉、有的人喜欢吃素;有的人怕冷喜欢穿厚的衣服,有的人怕热喜欢穿薄的……多变,就是人的需求随时会变化,喜欢吃肉的过两年可能会变成素食主义者,素的吃多了也可能想尝尝肉味……所谓"千人千面",每个人的需求都不一样,而且都会变化。政府计划做不了这么细致,人民的生活需求也就很难得到足够好的满足。

中国在1978年以前,就是采用的计划经济模式。这个模式的优点,是政府可以很容易地把企业组织起来,集中力量办大事。我们用计划经济模式建立起了比较完整的国防军工体系,以及支撑国防军工的重工业体系。

等到我们造出来核武器、核潜艇、洲际导弹、人造卫星以及数量较多的战斗机、坦克等保卫国家安全的武器之后,计划经济的必要性就降低了。老百姓几十年来生活水平提高得太慢了,大家都有怨言。这个时候,我们开始搞改革开放。

改革开放的主要思路,是逐步减少经济计划,给企业更多的生产和定价自主权,甚至允许个人自由开办企业,允许外国资本到中国来开办企业。在法律允许的范围内,企业想生产什么就生产什么、想生产多少就生产多少、想定什么价格就定什么价格。每个企业，自己去研究消费者有什么需求。产品符合消费者的需求，卖出去、赚到钱，先按照比例给政府交税，剩下的就全部归企业。如果生产出来的东西不符合消费者的需求，卖不出去，不管是质量不行还是价格太高，亏了本都算企业的。如果亏得太多，企业没钱了，那就只能破产倒闭。

在计划经济时代，生产和定价都由政府决定，企业赚的钱要上交、亏了本政府会补贴。企业搞创新的动力就不足。现在企业自主决定生产和定价，自负盈亏，动力就很足了。这种经济模式，我们就叫它市场经济。

市场经济理论认为，企业之间的自由竞争是一种最好的促进经济发展的方式。由于有了质量和价格的竞争，以及赚取利润的驱动和亏本的恐惧，企业会拼命创新，不断提高产品质量和降低成本。那些创新速度太慢的企业就会亏损倒闭，被市场淘汰，剩下的都是创新能力强的企业。这样，国民经济就会不断地创新和进步。

市场经济和计划经济并不是对立的，不存在谁一定比谁更好的问题，它们都是一定条件下促进经济发展的方式。

目前来看，在和平时期、正常状态下，市场经济比计划经济更有利于经济发展。这已经成为全世界的共识。中国现在是社会主义市场经济国家。

但是，在战争或者战备时期，以及诸如出现地震洪灾等紧急情况的时候，短暂的、局部的采用计划经济模式，强制企业服从政府计划管理，集中力量解决迫在眉睫的大问题，仍然是有益的。而一旦紧急状态过去，就应该尽快恢复企业的生产定价自主权，恢复市场经济。

被誉为"现代经济学之父"的英国经济学家亚当·斯密，是市场经济理论的创始人。他提出了著名的"看不见的手"理论。他认为，市场就好像有一双看不见的手，让各种资源在企业之间流动，让好的企业生存壮大、差的企业被淘汰破产。这双"看不见的手"就是企业之间的市场竞争。

从企业市场竞争的层面再往下看，奥地利经济学家约瑟夫·熊彼特提出了"企业家精神"的理论。企业家，我们可以简单理解为公司的老板，企业是他的、企业怎么经营也是他说了算——现在有些大型企业，股东数量很多，决策过程也比较复杂，不是一个人负责，问题就比较复杂一点，但我们先不管这些，先假设企业就是分为老板和劳动者两种人。老板负责决策，劳动者负责干活。

在熊彼特看来，企业的创新主要由企业家推动。创新就意味着干一些以前没干过的事情，那就有风险——可能成功也可能失败。成功了，企业赚钱，老板获利最多；失败了，企业亏本，也是老板受损失最多。所以老板作为企业家，压力很大，但他为了让企业在市场竞争中生存下去，为了赚更多的钱，只能拼命去想办法做"正确的创新"。这种承担风险进行创新的精神，就叫"企业家精神"；把创新做对的能力，就叫"企业家才能"。

熊彼特认为，企业家才能主要包括开发新的产品、引进新的技术、开拓新的市场、改进生产流程、完善企业管理这五个方面。

这五个方面其实都挺好理解的，我举几个例子。

第一个，开发新的产品。

电动汽车相对于燃油汽车就是新产品。燃油汽车已经出现了上百年，等中国汽车产业开始发展的时候，燃油汽车市场已经被欧洲、美国、日本的汽车巨头瓜分殆尽了，这些巨头技术成熟，又有很好的品牌声誉和销售渠道，还有规模效应。

所谓"规模效应"，就是指的某种产品生产的数量越多，平均成本就越低的现象。制造一辆汽车所需要的钢铁和塑料等材料成本、工人工资成本加起来仅有几万元，这是生产汽车的"变动成本"。但制造汽车所需要的机器装备动辄数千万元，还有汽车的设计费用、汽车发动机的研发费用等等，这些"固定成本"很容易就上亿元了。如果只生产1辆汽车，总成本就等于"变动成本＋固定成本"，1辆汽车的成本就要上亿元，很少有人能买得起；但如果生产1万辆汽车，固定成

123

图 17　新能源汽车装配线

本就平摊到每一辆汽车上，就只有1万元；如果生产100万辆汽车，固定成本平摊到每辆汽车上就只有100元。所以，一家汽车企业生产的汽车越多，它每辆车的生产成本就越低，它家的汽车在市场上就越有竞争力。这就是汽车生产中的规模效应。

　　中国汽车产业发展，要想在燃油汽车领域跟发展了数十年甚至上百年的国际汽车巨头争夺市场份额，难度很大。所以，中国一些汽车企业的企业家，就决定采用"开发新产品"的方式来参与竞争，通俗的说法叫"换赛道"，不在燃油车领域竞争，而在电动车领域竞争。

　　电动汽车的领域很新，美国电动车巨头特斯拉也是21世纪初才成立的。中国国内在2010年以前几乎没有电动汽车销售。深圳的比亚迪汽车公司，甚至推出了既能加油又能充电的混合动力新能源汽车。它既有电动车的优点——加速快、更安静、充电成本低、智能化程度高，在时速80公里以内更节约能源，适合市区道路行驶；又有燃油车的优点——加油快、极速高，在时速超过100公里以后更经济，适合跑高速。这些电动汽车推出以后，很受消费者欢迎，只用了几年时间，就占据了国内汽车接近一半的市场份额。这就是企业家"开发新产品"的创新带来的胜利。

第二个，采用新技术。

比亚迪的混动汽车就是一种新技术。还有一个例子，来自国产光伏板产业。光伏板是把太阳能转化成电能的关键材料。在2008年以前，中国的光伏生产，必须从国外进口生产设备和关键原材料——多晶硅，中国的企业就只能赚一点加工费，大部分利润都被外国的设备和原材料生产商挣走了。因为发达国家做光伏的时间早，光伏板生产的关键技术专利基本都掌握在国外企业手里。

为了打破国外的技术垄断，国内很多企业开始研发光伏生产的新技术。2009年，一家名叫保利协鑫的企业，宣布成功把一项由中国科学家研发的、新的多晶硅生产技术应用到了大规模生产线上。

这项新技术的名字叫"冷氢化工艺"。原来做多晶硅，用国外的技术,需要用反应器去除硅料中的氧化物,这需要在反应器内部把硅料加热到1 200摄氏度以上,非常耗电。保利协鑫的新技术,只需要把硅料加热到五六百度就可以了。温度降低了一半,能耗降低了不止一半,一下子就把多晶硅的生产成本拉低了70%。

这样一来,中国的光伏企业不仅掌握了核心工艺,不再需要继续进口国外的设备和多晶硅了,还取得了对国外企业的压倒性的成本优势。在冷氢化工艺的推动下,中国光伏企业迅速占领了光伏板的大部分市场,成了全球光伏产业龙头。

全世界都因为这项技术的突破,可以购买到更低价格的光伏板,以更低的成本来实现太阳能发电了。

"冷氢化工艺"的技术是科学家们研发的,但把这项技术大规模地用于生产,则主要是以保利协鑫为代表的中国光伏企业家们的功劳。

第三个,开拓新的市场。

这个原理用"共享单车"来举例最合适了。这也是中国企业家们的创造。在2016年,一家叫"摩拜"的创业公司,决定在北京街头大量摆放自行车(又被称为"单车"),人们只需要用智能手机扫描自行车上的二维码,就可以打开车锁骑行。骑行完成,关锁以后,公司后台会自动从用户的手机账户里扣钱,每次大约一元钱。

图 18—19　光伏板生产车间

在摩拜单车出现以前，大家骑自行车基本都是自己买、自己骑。但自行车很难或者是无法运上公交车、地铁、飞机，大部分人买自行车之后，就只能用于自己家附近的通勤，大量时间都停在自家楼下闲置，既占用空间又浪费产品资源。但所有人都习以为常，因为商品本来就是买来自己用的。

摩拜单车开发了一个全新的自行车使用方式——即时租用。这个新方式出现以后，很受欢迎，大家不用买自行车，出了地铁或者下了公交车，就可以骑走停在旁边的共享单车，简直方便极了！很多企业比如ofo、美团等，也跟着推出自己的共享单车。现在，走在中国的城市里，到处都有共享单车的身影，人们的生活变得更加便利，出行时间和成本也因此大大减少了。

共享单车公司并没有生产新产品，也没有用新技术来生产自行车，他们只是改变了自行车的销售方式，开拓了自行车的即时租用市场，就获得了巨大的成功。

第四个，改进生产流程。

这个方面我想讲的案例，还是中国新能源汽车企业比亚迪。做新能源汽车之前，比亚迪是做电池的。创业之初，电池生产行业几乎被日本企业垄断。日本人的三洋、松下等电池企业深耕电池生产数十年，把生产流程做得很成熟，基本实现了全流程的机械自动化，只需要很少的人手就能批量生产电池，为手机等各种电子产品提供电池。比亚迪创业的时候只有两百多万元启动资金，还不够买一条自动化的电池生产线。它要想按照日本企业的生产流程来做电池，根本就不可能。

这种情况下，比亚迪公司的创始人王传福想了一个"土办法"。他把电池的自动化生产流程进行了拆分，主要是分成哪些是必须机器来干的，哪些是可以用人工来代替的。必须机器干的，那就只能去买机器；能用人工代替的，就不买机器，直接雇用工人来做。

最后，真的让他搞出来了一条"半自动半手工"的电池生产线，只花了一百多万元，少量的机器设备加上几十个人，就能每天生产4 000块镍镉电池。

那还是1995年，深圳的普通工人工资一个月也就一两千块钱，人力成本非常便宜。就这样，王传福依靠生产流程的优化，生产出了比日本企业全自动化生产线更便宜的电池。由于价格便宜，质量也过硬，比亚迪的电池非常畅销。

经过十来年的发展，比亚迪竟然超越日本最大的电池生产商三洋公司，成为全球最大的手机电池生产企业，员工数量也从几十人增加到了好几万人。

第五个，完善企业管理。

管理优化能让企业的生产经营效率得到极大提升。

比较典型的例子是张瑞敏改造青岛电冰箱总厂的故事。

1984年，35岁的张瑞敏被任命为青岛电冰箱总厂的厂长。那个时候工厂生产出来的电冰箱质量很差，卖不出去，因此连年亏损，负债高达147万元，年销售额仅有38万元，好几个月发不出工资。

在张瑞敏之前，厂长已经走了三个。工厂里臭气熏天——因为甚至有人在车间里随地大小便，进入厂区的是一条烂泥路，每逢下雨天，必须要用绳子把鞋绑起来，不然就会陷入烂泥里拔不出来。工人们上班打着瞌睡，想来就来、想走便走，旷工现象非常严重。

造成这种现象的原因，是工厂之前的管理过于松懈。这是计划经济时代留下来的老毛病，企业的生产计划都是政府说了算，厂长也由政府任命，盈亏主要还是看政府计划和补贴。工人工资跟绩效关系不大，企业亏损也有政府补贴维持，还不能随便开除工人。

时间长了，从管理层到一线工人，都变得比较懒散，产品质量也长期搞不好。等到改革开放以后，企业要自负盈亏了，政府不制订计划也不管产品销售了，大家就很不适应，继续按照原来的方法生产，因为质量差、功能落后，电冰箱卖不出去，亏损负债越来越多，终于到了发不起工资的地步。

张瑞敏担任厂长以后，立刻就对企业的管理做了很大的调整。首先是严肃工作纪律，出台了十三条规章制度，其中就

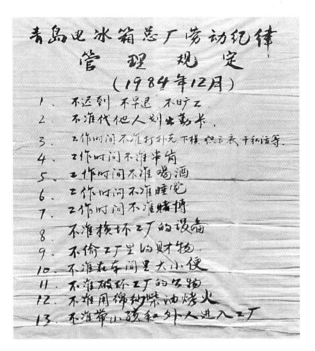

图 20 《青岛电冰箱总厂劳动纪律管理规定》[1]

有"不准在车间里大小便"以及"工作时间不准喝酒、不准睡觉、不准赌博"这样比较"荒唐"的规定。说它荒唐，不是说不准大小便、不准喝酒荒唐，而是说这些原本应该是不需要制定规定、每个人都会自觉遵守的日常行为准则。

---

[1]　图片来源：齐鲁网，《海尔为何能成功？看完张瑞敏的这 8 个故事或许你能找到答案》，https://news.iqilu.com/shandong/yaowen/2018/0402/3873639.shtml

不过，张瑞敏还是没有权力开除违反这些规章制度的工人，只能给予一些诸如扣工资之类的处罚。用他的话来说，就是："我虽然没有办法砸掉你的铁饭碗，但是我可以把它砸烂一些。"

利用这样的处罚和新的规定，张瑞敏才把企业的日常管理抓了起来。他又想办法引进了一条新款冰箱的生产线。新的生产线加上严格的工作纪律，青岛电冰箱厂生产的冰箱质量好、款式新，终于在市场上变得畅销起来。到了1986年，生产总值就达到7 648万元，实现利税1 083万元。整个企业起死回生，工人们的工资水平也噌噌地往上涨。

后来，在张瑞敏的管理下，工厂改制成了海尔集团。到2001年，海尔集团成为全球冰箱第一品牌。这就是企业家推动管理变革创造的奇迹。

企业家推动创新的故事，每天都在中国上演，它们是相当激动人心的。一个一个企业的创新，推动着中国经济持续数十年高速向前发展。我们能看到企业家推动创新点的五个层面，对经济增长的理解，就比只知道计划经济和市场经济的差别，又进步了一层。

但是，只看到这一层，对中国经济的理解，仍然不够深入。因为，市场经济和企业家精神理论，仍然不能够揭示中国经济成功的独特之处。今天，世界上绝大多数国家都是市场经济体制，都允许个人创立企业，并自主决定企业的生产和经营，自负盈亏，企业家精神可以自由发挥。在这些方面，这些国家与中国并无多少差异。但是，中国经济在过去数十年的发展速度，却超过了世界上几乎所有的国家。

比如，中国和印度是世界上人口最多的两个国家。新中国建立的时候，印度也刚独立建国两年，它的经济总量是中国的3倍，铁路里程是中国的2倍，钢铁产量是中国的8倍。但是，2022年，中国的GDP已经是印度近10倍。

对了，这里我先给你简单解释一下什么叫GDP，它是英文 "Gross Domestic Product" 的缩写，翻译成中文就是国内生产总值。它一般按照年度来计算，就是一个国家或地区范围内，人们每年新生产的所有产品和服务的总价值。比如某个国家一年新生产了一万吨粮食、一万件衣服、一千辆汽车，这些粮食价值三千万元，衣服价值一千万元，汽车价值一个亿，这个产品的价值加起来，就为这个国家创造了一亿四千万元的GDP。GDP除了产品，还包括服务，比如我们去理发店理发，花了100元。这100元也要计入GDP。一年有一千万人去理了一次发，总共花了一亿元，那就创造了新增的GDP一个亿。这一个亿也可以跟粮食、衣服、汽车的价值加起来，共同计入国家的GDP。当然，具体的计算过程很复杂，比如汽车需要消耗钢材，钢材的价值和汽车的价值就不能重复计算。通过复杂的计算，GDP就可以代表一个国家的经济总量，一般来说，GDP越高的国家，经济实力就越强大。我们前面说的中国的经济增长速度，就是指它的GDP增长速度。此外，经济学家还会经常用GDP除以一个国家的总人口，得到人均GDP。比如一个国家的GDP是一个亿，这个国家总共有1万个人，它的人均GDP就是1万元。人均GDP越高，这个国家的人民生活一般来说就越富裕。

为什么中国的经济增长会比印度快这么多呢？难道印度没有市场经济，企业没有生产经营自主权？难道印度的企业家不想通过创新赚钱、缺乏企业家精神？显然不是。中国一定是做了些特别的事情，在这些方面比印度等很多发展中国家甚至发达国家都做得更好，才取得了超越那么多市场经济国家的成就，对吧？而这是什么呢？这才是值得今天的人们深入思考的问题。

今天这封信就写到这里，下次再聊。

第十封信：企业家精神的故事（2）

小林，你好：

在上一封邮件的结尾，我留下了一个问题：为什么市场经济和企业家精神在中国能够取得如此巨大的成功，催生了许多像海尔、比亚迪这样世界级的优秀企业，而其他发展中国家的企业则没有中国企业这么成功？

你也发现了，这个问题的答案，好多我在前边的邮件里都已经说过。企业家精神的发挥，并不是在一张白纸上完全从零开始，它必须要有一个非常好的平台。这个平台首先是稳定的国防安全和社会治安环境，如果一个国家总是被外国军事入侵或者长期陷入内战，又或者盗窃抢劫谋杀横行，企业家精神是无法发挥的。

在新中国建立之前，1927年到1937年，正好是第一次世界大战和第二次世界大战的间歇期。那些之前对中国搞殖民入侵的列强如英、法、德、日等，还没有完全从战争中恢复元气，又要准备即将来到的大战，没有精力对付中国。这十年算是中国国际环境比较好的十年。

图 21 20 世纪 20 年代的上海南京东路，商铺云集[1]

---

[1] 图片来源：纽约公共图书馆，https://digitalcollections.nypl.org/items/
c261eb5f-9637-1446-e040-e00a1806116e

当时，中国的国民政府积极倡议企业家们搞"实业救国"，希望大搞实业——也就是制造业，发展中国经济，带动国家走向富强。与国外经济联系较多的沿海地区，出现了很多成功的企业家，他们购买国外的生产设备、学习引进外国的技术，雇用中国工人来生产物美价廉的商品，效果很不错。"面粉大王"荣德生、"医药大王"项松茂、"肥皂大王"萧耀铭等，都是非常优秀的民族企业家。

"医药大王"项松茂，年轻时候在上海英国人开办的药房里打工，因为勤奋好学，被调到武汉，担任汉口分店的经理，后来又到一家中国人开的药店担任总经理。过了几年，他买下了这家药店，然后逐步积累资本，先办医院，又建制药工厂，首创亚林臭药水、东吴药棉、甘油、牛痘苗、人造自来血等国产新药，成为中国自制西药和医疗器械的先驱。他诚实经营，又善于学习，不管是药房卖的药，还是工厂做的药，质量都很好，足以与外国同类产品竞争。

但是，这样的好日子只过了几年。1932年，日本派兵侵略上海，与中国军队开战。项松茂的制药厂生产的很多药物，可以用于治疗伤员。日本人为了削弱中国军队的医疗能力，派人将项松茂和他手下的11名员工残忍杀害了。

"肥皂大王"萧耀铭，17岁远赴东南亚，在杂货铺里给人当伙计。老板管吃管住，他就坚持多年一分钱不花，把自己的工钱全都省了下来，到20岁就自立门户，开了自己的肥皂厂。他特别喜欢改进肥皂工艺、提高产品质量，依靠创新和质量迅速打开市场，发家致富。为了响应国民政府"实业救国"的号召，他于1929年回国办厂，在上海继续生产肥皂。1930—1937年期间，肥皂厂多次扩建厂房，更新机器，不断扩大产量和推出新产品，销量极佳。萧耀铭先生本人也成了江浙一带闻名的"肥皂大王"。

但是，一切都随着战争的到来戛然而止。1937年，日军再次侵略上海，炸毁了萧耀铭的肥皂厂。萧耀铭一生心血毁于一旦，带着全家老小逃回老家广东梅县隆文镇躲避战火。

"面粉大王"荣德生的情况比项松茂和萧耀铭要好一些。他在上海的工厂也因日本侵华战争而被日本人控制，但他本人从1938年起，先后在重庆、成都、宝鸡、广州等地兴建6家新厂，支援抗战。抗日战争胜利后，他被侵占的资产也拿了回来。但是，没过多久，荣德生就被匪徒绑架长达34天，在交了50万美元的赎金以后才被放回来。

你看，在国家安全和治安混乱的时代，企业家们或被杀害，或厂房被炸毁，或被匪徒绑架勒索，连基本的人身安全和财产安全都无法保障，要想持续经营好一家企业，还要跟外国企业竞争、推动国家走向富强，那是根本做不到的。

项松茂、萧耀铭、荣德生这些人，都是一流的企业家，在开

图 22　一幅民国时期五洲大药房的药品广告
画，由著名广告画家杭穉英绘制[1]

---

[1]　图片来源：山西博物馆，《晋图特藏｜最具民间时代特色的广告——月份
牌广告画！》，https://lib.sx.cn/info/74461.jspx

发新产品、引进新技术、开拓新市场、提升企业管理等方面，并不逊色于现在的诸多知名企业家。但是，没有国家安全和社会治安作为基础，他们的企业家精神和才能并无用武之地。国家安全、社会稳定是市场经济最重要的基础，就像地基之于大楼一样重要。

讲到这里，我想起来陷于内战中的国家——叙利亚。

这个中东小国，从20世纪70年开始，保持了40年的和平与稳定，经济发展速度堪与中国相比。到2010年，经济总量超过了2 500亿美元。人均GDP更是超过了1万美元，是中国的两倍。

但是，从2011年开始，在以美国为代表的诸多国际霸权主义国家的干涉下，它爆发了内战，美国甚至还在2014年派兵入侵，在叙利亚南部建立军事基地，支持叙利亚的分裂势力、掠夺叙利亚的石油资源。

受战争的冲击，叙利亚经济一落千丈。十年之间，它的GDP就从约2 500亿美元降低到了2020年的大约100亿美元，甚至比1980年还要低，经济发展倒退了40年。大量的城市被摧毁，无数人背井离乡，有超过30万叙利亚人丧生。

这种情况下，显然不会还有什么"企业家精神"的发挥空间，再厉害的企业家，也无力挽救国家经济的断崖式崩溃。

这些年，国际上爆发了很多大大小小的战争。有很多类似于叙利亚这样的国家，辛苦发展经济数十年，因为一场战争的爆发，几十年的发展成果毁于一旦。

过去几十年，中国国内始终保持着和平与稳定。企业经营欣欣向荣。所以才有很多中国人感慨：我们不是生活在一个和平的世界，我们只是生活在一个和平稳定的国家。有了这个和平稳定的平台，市场经济和企业家精神才有用武之地。这个平台的建设，新中国建立前后无数革命先烈的英勇牺牲、建国之后30年全国人民节衣缩食艰苦奋斗起了很重要的作用。今天，还有很多隐姓埋名的英雄人物，在继续为这个平台的稳定运行而默默付出。中国因为这些人的努力而强大。

今天这封信就写到这里，下次再聊。

第十一封信：中国高铁的故事

小林，你好：

上一封信跟你讲了"和平、稳定"这个市场经济顺利运转最基础的条件。但仅有这样的平台还远远不够，市场经济的发展、企业家精神的发挥，还需要有一套强大的基础设施体系——交通、通信、能源等等作为支撑。

大型基础设施基本都有一个特点，就是投资量极大，而回报的速度又非常慢，需要几十年才能回本，甚至还可能亏损。

以高速公路和高速铁路为例，在平原地区，1公里高速公路的造价就高达3 000万元人民币，在山地丘陵地区，更会达到惊人的每公里1亿元人民币，而高速铁路的造价更高，为每公里1.3亿元人民币左右（根据世界银行2019年的报告，中国高铁平均造价在每公里1.17亿—1.44亿元之间）。

从中国的北京到上海距离超过了1 200公里，修建高速铁路的成本就超过了2 000亿元。此外，高铁列车每辆制造成本也有几千万元，日常维护费用也很高昂。为了保障高铁的安全和稳定运行，除了对列车进行定期维护外，铁路部门还需要每天检查铁轨，并及时排除安全隐患。如果高铁线路上有桥梁和隧道，还需要专人守护。此外，高铁还需要雇用乘务员、售票员等工作人员，这些都要花很多的钱。

如此庞大的成本，很少有私人企业能够负担。铁路或公路修建好以后，普遍需要20年以上的时间才能收回成本——高速公路主要靠收过路费，高速铁路则主要靠卖火车票。还有一些不收费的普通公路和低价的普通铁路，建设费用则基本无法直接收回。

这些基础设施建设，往往需要形成一个完整的网络，才能更好地发挥作用。

比如，如果高速铁路只有从"北京到上海"一条线，大家坐高铁就只能从北京到上海往返。如果再修建"上海到广州"和"北京到沈阳"两条线，大家坐高铁就不仅是多出来两条路线，还多出来上海到沈阳、北京到广州、广州到沈阳三条新的高铁线路。

修建的线路越多，可供选择的路线就会成倍增长，高铁的效益才会越来越大。这个道理在高速公路、电信与能源网络等方面也都是一样的。

此外，电力基础设施网络还有一个"调峰"的问题。在冬天，北方地区取暖耗电比较多；夏天，南方地区开空调制冷比较多。如果每个城市都是一个电站、一条线路单独供电，那北方冬天就要比夏天多发很多电，而南方夏天就会比冬天多发很多电。提高发电能力需要花大价钱修发电站，修好了之后，北方的电站夏天会闲置一部分、南方的电站冬天会闲置一部分，这就会浪费很多电站的发电能力。

如果有一个大电网，能同时把所有的电站和城市连接起来，冬天就多往北方的城市输电，夏天就多往南方的城市输电，这样就可以保持整个电力网络的发电量在冬天夏天保持平衡，减少发电能力的闲置浪费。

还有，城市地区居民用电比较多，郊区工业用电比较多——因为大型的制造业工厂一般布局在远离市中心的郊区，而居民晚上用电量比较大、工厂白天用电量比较大，如果居民区和工业区的输电线路形成了网络，电站就可以保持差不多的发电量，白天多给工业区用、晚上多给居民区用，也可以更好地利用发电能力。

基础设施网络不仅单价高，而且规模效应还非常显著——规模越大，效益越好。要建设一张高铁网络，成本就更加惊人了。截至2022年末，中国全国高速铁路营业里程4.2万公里，如果按照每公里1.3亿元的造价来算，那就需要5.5万亿元人民币。这是一个极其惊人的数字。这个数字已经超过了世界上绝大多数国家的GDP，如果把它当成一个国家的GDP，它在2022年，可以排名大约全球第20名，比瑞典、比利时、瑞士、挪威等欧洲发达国家的经济总量还大。全球最大的科技公司苹果公司的年营业额是4 000亿美元，折合成人民币大约是这个数据的一半。但是，苹果公司每年的利润是大约1 000亿美元，利润率高达25%，而高铁的运营实际上是长期在亏损。

如果高铁建设要追求10%以上的利润，那它的票价就需要大幅度上涨。很多人就会承受不起这个票价。而基础设施网络建设的本意，就是为大多数人服务，为普通人创造发展机会的。

一个内陆地区的人，如果想去沿海城市找工作，但他没去之前并不知道自己能找到什么样的工作。在找到工作之前，他的收入不高，高昂的交通费可能就让他望而却步，进而放弃去大城市发展的机会。如果公共交通十分便利，从高铁到城市公交地铁，成本都很低，他可能就会勇敢地迈出第一步，才有找到好工作的机会。等他找到了好工作，收入提高了，通过缴纳个人所得税的方式，为政府财政收入的提高做贡献，政府财政再用这个钱去补贴高铁运营。这就会形成一个很好的良性循环。

对企业来说也是如此。小微初创企业一般都比较穷，没啥名气也没啥资本，一不小心就可能破产倒闭。为了生存，就需要在交通、通信等方面频繁地花钱，才能去开拓市场、联系业务。如果整个国家的公共交通系统都在追求高盈利，把高铁、地铁、公交车的票价定得很高，这些小企业可能会为了省钱而放弃一些潜在的机会。

低廉的交通、电力等公共服务成本，可以帮助企业快速成长。等它们成了大企业，赚到了比较多的钱，然后通过多缴税的办法为财政做贡献，政府财政再用这个钱去补贴高铁运营，这也会形成一个很好的良性循环。

正因为如此，那些社会生活和企业经营所需要的最基础的公共服务，应该采取低定价的办法来提供。这可以给低收入人群和小微企业提供更多的发展机会。如果交通、电力这些最基础的生产生活资源定价高昂，只有有钱人和大企业才用得起，这对一个国家经济发展总体而言是不利的。

低定价相当于一种政府补贴，除了社会保障的效果以外，还有"风险投资"的效果——接受补贴的普通人和小企业有机会变得富有，从而为社会创造更多财富、缴纳更多税收，让政府补贴可以"收回成本"。

基础设施"收回成本"的时间很长，而且需要很大范围的"补贴—税收"机制才能实现，因为普通人收入水平的提升速度很慢、大部分小企业也就没有机会成长为大中型企业。

综合考虑上面这些因素，基础设施建设就具有以下特点：高投资、低定价、长周期、大范围。一个国家的大型基础设施，就不太适合私人资本来投资建设——私人企业要么没有那么多钱，要么嫌赚钱速度太慢，此外，它们也缺乏通过类似于"先补贴、再收税"的方式来收回成本。比较好的办法，还是由政府来主导投资修建。

当然，我这里说的政府"主导"，并不是政府"包办"。毕竟政府的主要工作还是日常行政，工程建设这样的事情，政府一般会交给大型国有企业来做。国有企业是政府出钱成立的，但一般需要独自面对市场竞争，自负盈亏，并按照企业的方式来管理，可以根据经营情况随时招聘或解聘人员。

政府一般只负责规划审批，也就是确定建或者不建某个基础设施项目，并从财政中拿出一部分钱作为启动资金；确定要建之后，就交给企业——大多数情况下是国有企业——去做。直接受政府委托从事基础设施建设的企业就是"总包企业"或者项目的总负责，它拿着政府的批示文件和启动资金，再去找银行贷款，用各种方式筹措剩余的资金，并承担建设运营的盈亏风险。然后，总包企业会把工程建设拆分成为很多环节，分包给许许多多的企业，这其中既有国有企业也有私营企业。企业家精神在这中间仍然大有用武之地。

我还是以高速铁路的建设为例来给你讲一下整个过程吧。

在修高铁之前，我国已经修建了十多万公里的普通铁路，形成了一张遍布全国的铁路网络。但是普通铁路运输速度慢、

图 23　高铁经过厦门

运力低,我国政府很早就开始谋划建设新一代的高速铁路。

　　谋划过程主要是中央政府的铁道部在推动。其中,关于用"轮轨"还是"磁悬浮"的争论,就持续了很多年。磁悬浮铁路技术更先进,列车都不需要轮子,也不接触轨道,而是利用"同极相斥"的电磁原理,让列车悬浮在轨道上。这样可以把摩擦力降到最低,理论上效果比继续用"轮子＋铁轨"的办法好。但那时还是20世纪90年代,全世界都没有一条真正运营的磁悬浮高铁。磁悬浮完全是一个实验室里的技术。它到底能不能实际运行呢?

　　为了解决这个问题,铁道部决定修一条能正规运营的磁悬浮来试试看。

2002年12月，从浦东机场到上海市区的30公里磁悬浮列车示范运营线建成，设计速度430千米／小时，30公里只需要8分钟。经过验证，磁悬浮技术确实能实际运营，而且速度极高——当时世界公认的高速铁路标准是超过200千米／小时。而磁悬浮可以轻松超过400千米／小时。

但是，施工团队在建设过程中也发现了磁悬浮技术的一个大问题——太贵了。上海磁悬浮30公里，总造价高达89亿元，差不多每公里就是3亿元。同时期，我们也在其他地方试建了轮轨高铁，平均成本只有1亿元出头。也就是说，磁悬浮的建设成本是轮轨的两到三倍。

还有一个问题是：磁悬浮技术几乎要全部依赖国外技术力量的支持。而我国已经有几十年的普通轮轨铁路建设经验，很多技术稍加改进就可以继续在高铁上用。用轮轨，我们在技术上比较主动，能把引进外国技术和使用本国技术相结合，可以节约很多研发成本。

中国国土面积巨大，即使只连接省会城市，也需要建设数万公里的高速铁路。每公里多出来接近2个亿的建设成本，1万公里就要多花2万亿元。这个开支实在太吓人了。2002年，我国全国财政收入才1.89万亿元，还不到2万亿元。即使考虑到未来的经济发展和财政收入增加，也很难支撑起这笔开支。为了把列车浮起来，消耗的电比驱动列车高速行驶消耗的电更多,磁悬浮运营成本也高,要实现保本运营,票价就得比轮轨票价高出两三倍,这将大大超出中国普通老百姓的购买力。

经过长期的研究论证和实际建设运营的比较,既考虑了技术的先进性、可靠性,也考虑了建设的经济性,铁道部最终决定:采用轮轨技术建设我国未来的高速铁路网络。

2004年1月21日,中央人民政府(国务院)审议通过《中长期铁路网规划》,规划建设"四横四纵"客运专线——也就是专门用于运输旅客的高速铁路,设计速度指标200千米/小时以上。中国这才掀起了高速铁路网络的建设高潮。

有了规划以后,铁道部负责落实建设。铁道部是计划经济时代设立的,它既有规划职能,又有建设和运营铁路的职能。规划适合政府来做;而建设运营涉及融资、投资、卖票等经营性行为,适合企业来做。

为了更好理清楚政企关系,2013年中央政府决定撤销铁道部,把铁路规划职能划归交通运输部,再另外成立中国铁路总公司(简称"铁总",后改名为国铁集团)负责铁路建设运营。这样,"政府做规划、企业搞建设"的思路就更清晰了。

国铁集团就是中国高铁建设的"总包公司"。它是大型国有企业,全部股份都由政府控制,财政部是它的唯一股东。

国铁集团对高铁的投资建设和运营负有总的责任,财政部每年会把预算中用于铁路建设的钱划拨给它,它自己也可以去找银行借钱，还可以用发行债券等方式来融资，再用卖高铁车票的钱来还债。它还可以用铁路站点附近的土地来建设酒店等方法赚钱，也可以自己再开子公司投资于铁路建设相关的业务来赚钱，等等。这些借钱和赚钱的事情，企业确实比行政部门更方便。

但是，国铁集团也不是凡是跟高铁建设相关的事情全都自己做。它的铁轨、列车和施工，都是采购或者外包给别的企业做的。

高铁的铁轨由几家国内大型钢铁厂——攀钢集团的攀钢轨梁厂、鞍钢集团的鞍钢轨梁厂、武钢轨梁厂以及包钢轨梁厂负责。这几家钢铁集团都是在改革开放以前就建成的国有企业，它们在轨道钢材制造方面有几十年的技术积累。

高铁的列车是由中国中车公司生产的，它也是一家中央政府控股的大型国有企业，但有一部分股票可以在股市上买卖，很多个人和企业都持有它的股份。中车公司也不会生产高铁列车的所有部分，很多零部件会从其他企业采购，其中既有国有企业，也有民营企业和外资企业。比如，车轮的轴承由洛阳LYC轴承厂生产，它是一家成立于1956年的老国有企业；列车的车载电源是常州市的今创集团提供，这是一家成立于改革开放后的民营企业；而负责连接一些关键部件的紧固螺母，则由一家美国在华投资企业——上海底特生产。这些企业都有自己的研究所，大量的科技人员在其中日夜不停地从事相关技术研发。

至于铁路的修建，则由许许多多国家的、地方的、民营的施工企业负责承包。他们培训并组织成千上万的施工人员，在工程师的带领下，在中国数百万平方公里的土地上日夜不停地辛勤工作，让高铁连接起一座又一座的城市。

经过政府、国有企业（大型央企和地方国企）、民营企业、外资企业，以及在这些企业中辛勤工作的工程师、一线工人的二十多年的努力，中国建成了全世界最大规模的高速铁路网络。今天，全世界时速超过200公里的高速铁路里程，中国占了一半以上，大约为70%，也就是世界上其他国家高铁里程之和的两倍还多。

2000年，中国铁路旅客发送量是10.18亿人次；而到了2019年，这个数据达到了36.6亿人次，增加了大约26亿人次。这些新增的人次，几乎全是由高铁贡献的。我记得我读大学的时候，每年春节为了从北京回老家重庆过年，凌晨一两点就要到火车站去排队"抢票"，有时候要连续去几天才能买到一张回家的票，而且往往抢不到卧铺，只能买到硬座，需要在火车上坐一天一夜。如果是慢车，就需要坐一天两夜。

在北京寒冷的冬夜排队几个小时，在挤满人的火车上坐着度过两个晚上，这样的体验让我终生难忘。

随着高铁的开通，北京到重庆已经可以当天出发当天到，不用再过夜了，票也好买了很多。虽然春节这样的重要节日还是比较紧张，但提前半个月左右努力在购票APP上"刷票"，总还是买得到的，再也不用大半夜起来排队了。

高铁建设，培育了数以千计的企业，为中国创造了以万计的就业岗位，服务了数以亿计的人群，极大地拉动了过去二十年的中国经济发展。在刚刚开始建设高铁的时候，我们还需要引进德国、日本的技术。现在，我们已经拥有独立的技术体系和完整的高铁产业链。

什么叫"产业链"呢？一个产品的零部件由许多不同的企业生产，这些零部件组合起来就可以形成一个完整的产品。为了保证零部件能准确地组合在一起，这些企业之间需要互相沟通和配合，它们的关系就像一根链条一样紧密。这些围绕同类型产品的生产而彼此分工合作的企业就构成一个产业链。汽车生产，就有汽车产业链，链条上的企业就包括汽车轮子的生产商、汽车电池的生产商，等等。手机生产，就有手机产业链，链条上的企业包括手机摄像头的生产商、手机屏幕的生产商，等等。完整的产业链可以极大地提高产业创新速度，因为企业之间可以方便地互相交流、密切配合。

今天，中国高铁已经走出国门，在全世界为那些需要高铁的国家提供建设服务和销售高铁列车，赚取了大量的外汇。2023年，我们在印度尼西亚修建的"雅万高铁"已经通车了。

图 24　高速铁路路桥施工

这条高铁，连接起了印尼首都雅加达和它的第四大城市万隆，时速可达 350 公里 / 小时。

"雅万高铁"全长 142 公里，贯穿了 9 个县市，将雅加达和万隆两地的通勤时间由原来的 3 个多小时缩短至约 40 分钟。这是印度尼西亚乃至整个东南亚地区第一条高速铁路，全部采用的是"中国技术、中国标准、中国制造"。印尼总统亲自参加了通车仪式，全世界许多媒体都对此事做了报道，许许多多的印尼人民专程过去体验并拍照留念。这是中国技术走出国门、造福全人类的一个新的里程碑。

中国高铁的巨大成功，是真正的"中国特例"，它是中国独有的经济体制催生的奇迹。

同样是造高铁，中国只需要1.3亿元/公里，而在日本，这个价格超过了3亿元人民币；在英国，它的HS2高速铁路项目，从伦敦到伯明翰路段，每英里的成本达到了3.96亿英镑，相当于每公里大约22亿元人民币，是中国的十多倍。

2005年，越南也想引进外国技术和公司来帮忙修高铁，但他们最后选择了日本企业而非中国企业。这么多年过去了，雅万高铁都已经通车，而截止到2022年底，越南高铁还一公里都没有建成。中国高铁建设水平因为有完整的产业链和辛勤的工程技术人员做支撑，生产成本低、施工效率高，不仅在发展中国家里绝无仅有，还超过了包括日本在内的发达国家。

能够统筹全局的政府，进行科学决策和系统规划；不追求快速盈利的大型国有企业，为高铁建设承担经济上的责任；在市场经济条件下，各类企业围绕高铁建设展开竞争，国有企业、民营企业、外资企业的企业家在这里大展拳脚，开发新产品、引进新技术，谁家的产品质量好、价格低就用谁的，有的造整车、有的造零部件、有的负责施工……世界上最庞大的高铁网络和高铁产业链就这样从无到有建了起来。这个成功，是政府、国企、民企等多种形式的组织彼此协同配合的胜利，也是中国社会主义市场经济体制的胜利。

今天这封信就写到这里，下次再聊。

第十二封信："鲁布革冲击"的故事

小林，你好：

　　写了那么多东西，终于在上一封信提到了"社会主义市场经济体制"这个中国经济关键词了。世界上大部分国家都是市场经济体制，中国的与众不同之处就是把"社会主义"放到了"市场经济"前边。

　　对中国来说，社会主义意味着很多东西，比如坚持中国共产党的领导、共同富裕的理想，等等。从经济结构的角度来看，社会主义则意味着公有制经济占主体。公有制经济又分为国有制和集体所有制。现在集体所有制企业已经很少见了，公有制企业主要是国有企业。

　　国有企业，就是政府居于控股地位的企业。

　　在计划经济时代，几乎所有的企业都是国有或者集体企业。受此影响，很多人对计划经济和市场经济的区别产生了不少误解，甚至有人有这样的刻板印象：国有企业就代表计划经济，民营企业就代表市场经济。这种看法有失偏颇，用来观察中国经济，只会越看越歪。比如，用他们这种观念，就没法讲清楚中国高铁为什么能够成功。

经过多年的改革，现在的国有企业和计划经济时代的国有企业相比，已经发生了翻天覆地的变化。

1981年，改革开放不久，中国政府开始在云南和贵州交界处的鲁布革修建大型水电站。1984年，我们跟世界银行有了比较密切的联系，希望能获得世界银行的贷款来支持国内的工程建设。经过协商，世界银行选定了鲁布革水电站作为首个支持项目，但有个条件：工程建设必须在世界银行成员国中进行公开的国际性招标。

这个条件在国内水电行业内部引起了很大的争议。有人说，中国的水电站，怎么能让外国企业来设计和施工呢？工程的钱让外国公司赚走了，国内的企业就会减少很多收入，这是不是出卖国家利益的行为？

综合考虑各方面的想法和诉求，中国政府决定把工程的引水涵洞建设拿出来搞国际招标，主体水坝还是继续让国有施工队承担。这也是想看一看发达国家的工程建设水平到底如何？跟咱们国有施工队伍比较比较，谁效率更高？以前国内的水利工程项目都是指定国有企业负责，缺乏竞争和比较。

经过公开的国际招投标，日本的大成公司拿到了鲁布革引水涵洞的建设项目合同。大成公司的报价比国内企业的报价低了43%。中方很惊讶，不太相信日本人能用这个价格把工程做好。

日本大成公司拿到项目，只派了三十多人到中国来，负责管理。实际施工的工人，全都从中国招聘，总共招了424名工人。对这些工人，大成公司按照绩效来发工资，干得越多，给的钱也越多。

在大成公司管理人员和中国工人的配合下，涵洞开挖两三个月，单月平均进尺222.5米。这个速度，相当于我国当时同类工程的2至2.5倍。1986年8月，大成公司在开挖直径8.8米的圆形发电隧洞中，创造出单头进尺373.7米的国际先进纪录。

1986年10月30日，隧洞全线贯通，工程质量优良，比合同计划提前了5个月。整个过程，创下了四项国内水电施工的最高水平纪录。

在大成公司搞涵洞施工的同时，水利部下属的国有企业水电十四局也在鲁布革做水坝施工。水电十四局1981年就开工了，但前期工程进展非常缓慢。按照之前的惯例，到偏远地区搞工程，施工队要带家属。为了安排家属生活，工程开建之前，要先建设学校、医院、宿舍、办公楼等各种配套，光这些工程就需要好几年的时间，花很多钱。配套项目建设好了，大队伍才能入驻。入驻以后，施工进度也一直不尽如人意，世界银行特别咨询团于1984年4月和1985年5月两次来工地考察，都认为水坝建设最关键的一步——大河截流计划难以按照原定时间完成。

如此鲜明的对比，引发了我国基础设施建设行业的极大震动，连中央领导也知道了，并且高度重视。日本公司刚把工程建完，国务院总理和分管水利的副总理就亲自过来视察。视察之后，充分肯定了日本的施工管理经验，要求全国各地推广学习。

1987年6月8日，《人民日报》头版刊登了《鲁布革冲击》的文章，在全国范围内引起了强烈反响。

"鲁布革冲击"首先影响的是跟日本大成一同施工的国企——水电十四局。面对同行的优异表现，他们感到"压力山大"。以前没有竞争，觉得按照老办法一直干没啥问题，现在有了对手的比较，不得不承认效率确实低了。

还没等到日本大成的项目完工，十四局就已经开始了内部改革。首先是减少管理人员数量，把很多管理职能放到后台总部，施工一线主要是工人和监理。而最重要的改革，是实行"项目经理负责制"和"内部经济承包"：项目经理对项目进度负全责，进度快、质量好有奖励，进度慢、质量出问题要承担责任；施工工人的工资收入也会根据内部核算的绩效和成本增减。简单来说，就是以前干好干坏、干快干慢差别不大，只要别出现严重的质量问题和安全问题，就都无所谓。现在有了责任和绩效,效率马上就提起来了。

到1986年底,历时13个月,水电十四局终于把之前耽误的进度赶了回来,有些方面还超过了。

水电十四局的改变,道出了国有企业改革的两个关键方向:一是外部要有竞争,二是内部要有激励。

外部有竞争,主要是市场竞争。同样的产品和服务(水利工程的施工建设是一种服务),有比较才知道差距在哪里、有多大。以前我们搞计划经济,生产数量、价格、规格都是政府预定,没有竞争,就不知道这个产品到底还有没有可以提高生产效率、降低生产成本的余地。这样,产品质量就会长时间得不到改进、成本也没法降低。所有企业都这样,经济发展就会陷入停滞。

内部有激励,主要是经济激励——工资要根据实际成果来变化。如果所有人干好干坏都一样,那大家都没有动力去努力工作,更不要说大力创新了。干得好的要有经济奖励,干得差的要有经济处罚。大创新有大奖励、小创新有小奖励。这样企业内部的管理者、工人,才有足够动力去努力工作,去积极参与产品的技术、质量、生产流程等方面的创新。

经过了许许多多类似于"鲁布革冲击"带来的改革探索,今天我们的国有企业跟计划经济时代的国有企业已经大不一样了,能够很好地适应市场经济环境——在国内市场和国际市场都是如此。

实践证明，只要能做好"外部有竞争、内部有激励"，国有企业的表现和私有制企业的表现不会有特别大的差异。

今天，在中国市场上，很多产品都是国有企业和民营企业同台竞争，各有千秋。

比如，液晶面板——它是手机、电脑、电视必不可少的关键部件。从2022年的市场占有率来看，第一名是京东方，第五名是彩虹股份，这两家是国有企业；第二名是华星光电，第三名是惠科科技，这两家是民营企业；第四名群创光电，第七名友达光电，这两家是来自我国台湾省的企业，也可称之为台资企业；第八名是夏普，这是来自日本的外资企业。在这个竞争激烈的市场中，国有企业完全是依靠持续不断的创新、过硬的产品质量、优秀的性价比，才站住了脚。它们的市场地位，跟企业是公有制还是私有制其实关系不太大，最重要的还是企业自身的经营管理水平。

在国际市场上，中国高铁的成功也是一个范例。

此外，像著名的重型机械生产商振华重工，也是国有企业。它经过多年发展，已经成为世界上最大的港口机械重型装备制造商，产品远销全球一百多个国家和地区，其岸桥产品占据全球70%以上的市场份额。

振华港机一直非常低调，普通人很少知道。但2013年，发生了一件有趣的事情，让它一夜之间闻名世界。

当时，美国总统奥巴马到迈阿密港口演讲，主题是振兴美国的制造业。演讲过程中，突然吹来一阵大风，把奥巴马身后挂在岸桥起重机上的美国国旗吹走了，下边竟然露出了大大的中文字体“振华”。原来，迈阿密港的起重机是振华重工生产的。因为它不是“美国制造”，与总统演讲的主题有点冲突，主办方就提前让人用美国国旗给遮盖上了。不料没有装好，竟然被风吹走了。

这段视频被传到网络上，中美网友都大量转发，播放量超过了1亿次，令振华重工一夜成名。振华重工的董事长也开玩笑说：“感谢美国总统奥巴马的亲自代言。”

图25　迈阿密港

在2023年度《财富》世界500强企业排行榜上，我国共有142家公司上榜（包括港澳台），数量继续位居各国之首，其中，国有企业97家。这些上榜国企的经营范围涵盖了基础设施建设、钢铁、通信、电子、航运、船舶、汽车、医药、食品、房地产、金融等诸多行业。2022年，全国国有及国有控股企业营业总收入超过了83万亿元人民币，上缴了4万亿元的税收，大约占全国税收的四分之一。

更重要的是，很多关系国计民生的关键基础服务由国有企业提供。由于国有企业的高效运转，让个人和企业都能便利地使用这些服务，极大地增强了国家的整体竞争力。比如，在工业化国家中，中国的工商业和居民用电成本是最低的；中国拥有全世界通车里程第一的高铁网络，铁路（包括普通铁路和高速铁路）的每公里票价也是最便宜的；中国用电脑或手机上网，平均每个G的流量费用，也是最便宜的——不仅便宜，而且覆盖范围极广，从城市到村落，只要有人群长期定居的地方，基本都有网络信号。

经历了数十年改革，国有企业已经与市场经济深入融合，始终是我国经济发展的强大支撑。

国有企业现在的成绩是辉煌的。但改革的过程漫长且充满了曲折。这个过程中，最为令我难以忘怀的，应该是20世纪90年代中后期的"下岗潮"。

90年代中期的时候,国有企业改革进入了最困难的时期。政府探索尝试了很多方法,其中就包括从"鲁布革冲击"中吸取经验。但无论如何改革,始终只有一部分国有企业的情况在变好,大部分国企还是长期处于亏损的状态。

计划经济时代,企业之间缺乏竞争,政府会一直给企业安排生产任务,让企业运转。在人们的认知中,国有企业仿佛永远不会倒闭破产。只要进入国有企业工作,就有了一个"铁饭碗",终身不需要为工作担心,老了退休了也会有退休金。大的国有企业还会自办幼儿园、医院、小学等,为职工解决孩子上学和看病的问题。

有人认为,这是一种"养懒人"的制度,导致了国有企业效率低下。就我个人的观察而言,"养懒人"的情况并不普遍。我有很多那一时期在国企工作的长辈亲戚,他们都是诚实而勤劳的人,每天勤勤恳恳地上班,敬岗爱业,一点也不懒惰。

二战后的日本,企业广泛采用"终身雇佣制"。它是由日本著名企业家松下幸之助提出的。他说:"松下员工在达到预定的退休年龄之前,不用担心失业。企业也绝对不会解雇任何一个'松下人'。"这个理念在日本企业界得到了高度认可,成为行业通例。日本的企业家们认为,在终生雇佣制下,员工对企业的忠诚度和凝聚力会极大提高,把自己一生的荣辱成败和企业捆绑在一起，专心提升自身工作潜能。"终身雇佣制"让日本诞生了许多非常优秀的企业，对日本在第二次世界大战以后的经济腾飞起到了很好的促进作用。

国有企业不轻易解雇员工、提供优厚福利的用意很好。经过十多年改革，90年代的大部分国企都建立了薪酬激励机制，"干得好有奖励、干得不好扣工资"是普遍现象。企业效益好，大家都好；效益不好，大家就都得过紧日子。这在国企内部也都是共识。有一部分国企的困境是"养懒人"造成的，但不能说大部分国企的困境是"养懒人"造成的。

真正的问题是：市场竞争之下，永远只有少数企业可以长期盈利。大部分企业，特别是中小企业，都很难找到稳定赚钱的办法，不管企业养不养"懒人"，也不分它是国有还是民营。

据有关统计，2020年前后，我国每年有大约100万家企业倒闭，中小企业平均生命周期只有3年，存活5年以上的不到7%，10年以上的不到2%。很多企业破产的同时，又会有很多新的企业诞生，继续参与竞争，继续倒闭一大批……这样循环往复、永不停歇地优胜劣汰，经济才能保持活力。

计划经济时代，全国的企业几乎都是国有企业，遍布国民经济所有行业，数量极多。只要是搞市场经济，这么多国企，很大部分必然出现经营困难、长期亏损。企业长期亏损的主要原因多种多样,有一些是员工素质不行,但也有其他原因,比如国家或某个地区整体经济下行、某个行业整体亏损、企业经营决策出现重大失误、企业管理层贪腐无能,等等。

有时候,那些亏损国企不是输给了非国企,而是输给了另外一家国企。比如,计划经济年代,国家会在几乎每个省份都布局几家生产电冰箱、电视等轻工业产品的工厂,满足本地群众的生活需求。这些工厂的产品只在本地销售,彼此无须竞争。改革开放以后,沿海国企率先引进国外先进生产线,生产技术更先进、设计更时尚的冰箱、彩电进入全国市场,卖得很好。内陆地区那些还在生产老式冰箱和电视的企业,产品就卖不出去,陷入了困境。

唯一正确的做法,是让那些长期亏损、扭亏无望的企业破产。破产以后可以重组,土地、设备、人员都可以进入新的企业重新开始。

现在看起来,企业经营不好破产重组,这是理所当然的事情。但在当时,大家很难接受。

政府也很为难,为了拯救国企花了很多钱,千方百计想要维持。一个企业倒闭,就会有数百乃至上千人失业,这些家庭很有可能就此失去收入来源、陷入经济困难。

改革了十多年,财政实在撑不下去了,不得不放手让一部分国企破产。企业破产,职工就"下岗"。1997年,东南亚地区爆发了金融危机，对全球经济都造成了严重影响。受此冲击，亏损国有企业的处境更加困难，集中破产倒闭了一大批。

从1998年到2000年，是"下岗潮"的最高峰，累计有大约2 000万人因此下岗，其中大部分是四五十岁左右的工人。那段时间，在我印象中，是改革开放以来中国经济最沉重的几年。我身边好多亲戚长辈都下岗失业了。

理论上，企业破产，工人就是换个工作的事情。但由于那几年国有企业集中破产，就业形势极差，加上年龄原因，下岗职工很难再找到新的工作，生活变得十分困难。

进入21世纪以后，世界经济走出了亚洲金融危机的阴霾，中国经济也重新焕发了活力。经过20世纪90年代中期的下岗潮，大部分经营不善的企业倒闭了，很多新的民营企业快速崛起。国有企业开始专注于在对国计民生有重要作用的领域发挥作用，交通、通信等重大基础设施以及能源、航天、军工等领域还是国企为主。在这些战略性的领域，国有企业遇到经营困难，财政还可以补贴支持一部分。而一般性的民用消费品行业就主要让民营企业来做，即使有国企去做，也是盈亏自负，政府财政不再花钱补贴。

国有企业和民营企业的分工不是绝对的。从铁路公路等基础设施建设，到能源、通信产业，再到关系国家安全的军事工业领域，也有很多民营企业在积极参与，并与国有企业展开竞争。比如，我们新一代反坦克导弹"红箭16"，就是由一家高科技民营企业——武汉高德红外股份有限公司研发生产的。同时，也有一部分国企，继续在普通消费品领域参与竞争，自负盈亏，能赚钱就活下去，赚不到钱就果断退出。退出的方式可以是宣告破产清算，也可以是被其他企业收购。

无论是国企还是民企，都只有在公开公平的竞争中证明自身实力，才能长久地生存下去。

在有些情况下，国有企业会受到某些"优待"，比如缺钱的时候找银行贷款，银行普遍更愿意优先借钱给国有企业。因为国企背后有政府支持，破产倒闭不还钱的可能性要小一些。

但是，与此同时，国有企业也需要承担比普通民营企业更多的社会责任。

比如，2008年国际金融危机期间，很多企业效益不好纷纷裁员，政府为了稳定就业形势，限制国有企业裁员，国企就只能咬牙撑着。

2020年到2022年的新冠疫情期间，很多地方商业活动受限，中小商户经营困难。为了避免出现大规模的中小商户关店倒闭潮，政府又指示那些持有大量商铺办公楼出租的国有企业，主动为中小商户减免租金。

此外，有很多偏远的农村地区，老百姓很穷，打电话、上网花不了多少钱，电话费、网费远远赶不上修基站的开支。政府出于区域均衡发展和扶贫的考虑，要求建设通信基站的国有企业必须搞"村村通"——每个村都要通电话和网络。这些大型国企明知在偏远农村修通信基站建一个亏一个，也坚持投入建设。

总之，国有企业在享受政府背书支持的同时，也在承担比民营企业更多的责任。利益和责任相对来说还是比较均等的。当前，国有企业和非国有企业之间，总体处于一种公平竞争的状态。

事实证明，一个企业群体是否有效率，关键并不在它的所有制成分，而在于它有没有处在一个公开、公平、公正的竞争环境之中。一些民营企业发展壮大以后，也会出现人浮于事、官僚主义盛行等"大企业病"；国有企业通过改革，也可以在市场竞争中发展壮大，高效运行。

为了把一些重要的国企效率搞好，我们还努力向西方发达国家学习。

2000年的时候，中国移动、中国石油这些大国企都到香港上市，把一部分股票卖给了外国投资者。这些大国企其实并不缺钱，上市的目的，是为了强制让它们去适应全球资本市场的规范，按照国际标准来构建财务制度、管理模式等等，并且向全世界公开。

为了符合国际标准，这些大国企上市邀请的都是国外一流的投资银行、审计机构来帮忙。我们的工商银行、建设银行等国有大银行，也引进了诸如高盛等国际大型投资银行的战略投资，让它们来当股东。

有人说，这种事情是在出卖国家利益，给外资搞利益输送。其实，我们卖一些国企的股份给外资，相当于请了一帮外国的"老师"来给我们上课。请老师上课，当然要给学费。

我们没有当真把这些大国企的实际控制权卖给外资，在股市上卖出去的只有一小部分。外国"老师"们买了国企的股票，就有很强的动力把先进的企业管理经验传授给我们，帮助我们把国企效率提高。国企经营效益上去了，股票也跟着涨价。然后，他们选择一个价格合适的机会，把这些股票卖掉。外资赚到了钱，我们学到了知识。总体来看，双方各取所需，非常公平合理。

总之，经历过长期的改革和大规模的破产重组下岗冲击以后，我们终于建立了一种多种所有制企业——国有的、集体的、民营的、外资的企业——之间"多元竞合"的市场经济体制。大家既专注于自己擅长的领域彼此分工配合，有差异可互补；又在产品重叠的领域互相竞争，有比较可借鉴。这也是中国社会主义市场经济体制非常重要和非常有特色的方面。

　　国有企业发展好，国家经济也发展好，政府财政有钱了，就有余力来关照当年下岗失业的老工人。下岗工人很多也能领到最低生活保障，能享受一部分医疗保险，到了法定退休年龄以后，还可以领到退休金。这些社会保障的额度，都在逐年上涨。"下岗潮"中那一批失业的老工人们现在都已经老去，国家经济的蓬勃发展，让他们可以在晚年获得比较稳定的生活保障。"下岗潮"这沉重的一页，总算是翻过去了。

　　今天这封信就写到这里，下次再聊。

第十三封信:"双11" 购物节背后的故事

小林,你好:

今年的圣诞节又快到了,听你妈妈说你们已经列好了圣诞节购物清单,准备趁着圣诞节促销买一大堆好东西。我们国内的购物季比圣诞节早一些,主要是上个月的"双11",也就是11月11号。我已经提前把未来一年要用的纸巾、牙膏、香皂等生活用品一口气买足了,但除此以外,我没有再买别的什么东西。前些年我还会兴致盎然地列上一长串"双11"购物清单,这两年已经兴趣不大,因为现在网络购物太普遍,购物的渠道特别多,几乎每天都有各种优惠促销,没有必要再等到购物节下单了。

说到网络购物,我想给你看一个有意思的数据:2022年,中国全年的网上零售额13.79万亿元,这个数据位居世界第一。排名第二的是美国,2022年其全年网上零售额刚刚超过1万亿美元,折合当年人民币大约是6.8万亿元。也就是说,中国的互联网零售消费金额超过美国一倍。

这是一个很惊人的数据。因为同一年，中国的国内生产总值（GDP）大概是18万亿美元，而美国则大概是25万亿美元。中国的经济总量大概只有美国的72%。这种情况下，中国的网络零售额能超过美国几乎一倍，说明中国的互联网产业发展水平非常高，可以说是大大地超前发展了。

互联网消费领域，中国是一个全球巨无霸。只有美国才能跟中国在同一档次做比较，其他国家跟中国比起来就差得更远。包括德国、法国等诸多发达国家在内的整个欧盟2022年的GDP是大约16.65万亿美元，比中国少一点，少得不多。但是，欧盟的网络销售额只有5 000亿美元，仅为中国的四分之一。

印度是与中国并列的人口大国，总人口跟中国差不多，都是14亿人多一点。但是，它的网络零售量少得可怜，只有中国的不到8%。在全球互联网企业中，也只有中国和美国能诞生世界性的互联网巨头——也就是能跨越多个国家大规模经营的巨型企业。

美国有谷歌、亚马逊，中国有腾讯、阿里巴巴，以及新兴的抖音、拼多多、希音等等。欧盟、日本、印度等经济或人口大国，都无法与中美相提并论。这是为什么呢？

2022年，在最重要的网络购物节"双11"购物周期（11月1日到11日），中国全网商品销售额超过了1万亿元人民币。

这些商品交易,几乎都是通过网络购物平台——淘宝、京东、拼多多、抖音等完成的。这些平台是"双 11"的前台明星,但潜藏在它们背后的,是一个庞大和复杂到不可思议的体系在提供支持。

首先,1 万亿元的购物包括了上百亿单的交易。这些庞大的数据必须被及时处理,如果后台电脑(服务器)处理不过来,整个网络就可能崩溃,在手机上愉快购物的人们会发现网站卡死、无法下单。

天量数据的处理,并不在这些平台的总部完成——那里没有足够的空间来存放服务器。全国各地都建设了许多"大数据产业基地",这些基地占地面积巨大,建设了成百上千的电脑机房,每个机房里都密密麻麻地放置着成千上万的计算和存储设备,巨大的风扇日夜不停地运转给服务器散热,超高速光纤不断地将来自全国各地的数据输入,经过计算处理后再传输回去。

目前,中国最大的数据中心之一,位于西南的贵州省贵安新区,这里是国家大数据中心所在地,布置着超过十万台大型服务器。

大数据基地之所以选择在这里,是因为服务器需要消耗巨大的电力,并且需要大量的水来进行冷却,还需要十分稳定的地质结构保障其安全。贵州的水电资源丰富,其石灰石地质结构也很稳定,因此是布局服务器的绝佳地区。

为了支持大数据产业的发展,贵州省和贵阳市多年前就制定了大数据产业发展规划,为数据中心提供了几乎免费的土地和远低于全国平均水平的电价和水价,并负责地面的平整、架设高压输电线路,规划建设方便的公路交通网络。贵阳的大数据中心不仅为阿里巴巴提供数据服务,还是中国移动、中国联通和中国电信的数据处理中心。

为了支持互联网产业的发展,过去一二十年,全国各地的地方政府,都在积极与企业合作建设数据中心。为数据中心提供土地和稳定的电力。2020年,全国数据中心共耗电2 045亿度。这个数字超过了世界上绝大多数国家的发电量。如果没有强大的电力生产作为支撑,大数据中心就无法高速运转,"双11"的购物狂欢可能刚开始一分钟就被网络崩溃中断。

这里,我们可以再回想一下三峡工程和三峡移民的故事。移民们的"舍小家、顾大家"的精神和三峡工程建设人员的辛苦努力,也为我们今天可以自由地在网上购物创造了条件。经济体系中的万事万物,就是这样彼此联系在一起的。

当订单完成付款以后,就会有上百件商品开始从各个企业发货。这些商品由全国数以百万计的企业生产,国有、民营、外资企业都有,其中绝大部分是民营中小企业。

发出的货物会进入附近的大型仓储物流园区进行中转。

图 26 满载货物的大货车行驶在高速公路上

而这些物流园区,也是过去十多年在政府产业政策支持下迅速新建起来的。

只要有机场、港口和大型火车站的地方,政府就会规划建设物流产业园,吸引国有、民营、外资等物流企业来投资建设。产业园把各种电商快递的仓库聚集到一起,集中存储、分拣、配送。也有一些大的电商比如京东,会建设完全属于自己的物流园区。这些园区与互利网平台同步发展。2022年,在网络电商诞生之后十多年的时间内,约2 500个物流园区就如雨后春笋一般地在中国建立起来了。

从物流园区中转以后,货物就会进入庞大的交通网络进行运输。在过去不到二十年的时间里,中国的高速公路里程从几乎为零到成为全世界高速公路里程最长的国家，同时也是世界上铁路里程最长的国家。这些几乎都是政府和国有企业主导建设的。

可以说，如果没有政府和国有经济的支持，如此庞大的网络购物产业体系就不可能建立起来。

在高速公路上日夜奔驰的大货车，属于重型机械。2022年全国重卡产量前三名是中国重汽、一汽解放和东风汽车，它们都是改革开放以前就建成的重工业企业。

从高速公路下来以后，货物再次进入仓库分装，由轻型货车拉到各个网点派送。轻型货车的龙头企业北汽福田是一家国有控股的混合所有制企业，此外，上汽通用五菱这样的中外合资企业和长城汽车这样的民营企业也是轻型货车市场的重要参与者。

在"双11"的购物狂欢中，企业的创造和公共部门的服务密切结合在一起，彼此难以分割：当我们打开手机购物的时候，购物平台几乎都是民营企业建设的；网络信号是政府主导的电信通信系统传播的；当我们点击购买的时候，数据通过国有企业铺设的光缆高速传输，进入地方政府规划建设的大数据产业园；处理完的数据反馈到卖家，这些卖家大部分是私营中小企业主；企业家们将商品打包发货，送入政府规划建设的物流园区；物流由快递企业分拣——大部分快递企业都是最近二十年才成立的民营企业,它们可以高速地把货物送到买家手里,但如果要把货物送到偏远地区,还是需要使用政府几十年前建立的邮政物流系统;货物分拣完成后进入政府主导建设的交通网络体系,最后再通过一个一个快递员送入千家万户。

在货物从商家送到消费者手里的同时,消费者手里的钱也在源源不断地流向商家。

在电子商务时代,不再是"一手交钱、一手交货",资金需要通过另外一套系统周转。消费者的钱存在银行里,而中国

图 27　上海某物流园区鸟瞰

的银行几乎都是国有的，政府对国有银行的信用承担责任，确保普通人的存款不会因为银行经营不善而遭遇损失。人们在银行账户上存了钱以后，再去开通专门用于网络支付的支付宝或者微信钱包等电子账户——这些账户主要是由大型民营企业管理，但需要接受政府的严格监管，确保这些企业不会随意转移挪用消费者的钱。

有了电子支付账户，大家才能方便地在网上花钱买东西。

没有哪一家企业或机构可以独立完成这个庞大系统的建设。只有各种所有制成分的企业和各个层级的政府彼此协作配合，这个伟大的图景才会出现。

而这一切的基础有两个：吃苦耐劳、易于组织的中国人民，以及统一的、安全的、要素自由流通的有效市场。

今天这封信就写到这里，下次再聊。

第十四封信：有效市场的故事

小林，你好：

　　我在前一封信的最后提到了"有效市场"这个词。它是我从传统经济学中的"有效需求"化用而来的，对理解中国经济崛起很有帮助。

　　经济学的"有效需求"，讲的是有购买能力和购买意愿的需求。比如，我觉得我特别需要买一艘豪华游艇去大海里钓鱼，意愿非常强烈。但游艇太贵，我买不起，这是有意愿而无能力的需求，属于无效需求。如果有一天我成了亿万富翁，买得起游艇了，我对游艇的需求才会变成有效需求。

　　有效市场的原理也差不多。市场是由人构成的，但并不是人数越多就意味着市场越大，只有能产生购买力的地方才存在有效市场。

　　我举一个例子。约两百年前，19世纪30年代，中国还处在清朝中期。那个时候，英国是世界第一大工业强国，它的棉纺织业非常厉害，英国纺织品在全世界很多地方都很畅销，但在中国却老是卖不动。这让英国商人很沮丧。在他们看来，清朝有4亿多人口，是世界上人口最多的国家，一人买一件衣服，那就是做不完的生意啊。

这就是一种典型的用人数来判断市场需求所犯的错误。

此时，中国确实有4亿多人口，但这些人口无法形成一个英国纺织品的"有效市场"，说直白一点就是"买不起"。

由于清政府的腐败统治，财富都集中在少数权贵和依附于他们的地主富商手中，绝大多数底层老百姓处于"赤贫"的状态，就是几乎没有任何多余的钱可以用来购买质量较好的衣服。老百姓穿的基本是麻布衣服，自家或本村本镇的工匠就可以纺织，布料很粗、穿着并不舒服，但是成本极低、非常便宜。英国的纺织品是用专业纺织机做的，效率很高，成本也不算高，但远涉重洋而来，又要从广州进口，然后运输到全国各地，运输成本很高，运到县城村镇以后，其价格就不是普通老百姓能买得起的了。

除了绝大部分穷人，中国还有很多富裕家庭，他们虽然占人口的比例很低，可能只有百分之几，但总数也不少，有上千万人，比英国人口还多。这部分人买得起英国纺织品，但中国有高档的丝绸和棉布衣服，这些衣服由经验丰富的工匠手工纺织而成。手工纺织品的价格比英国纺织品高，但款式样式更符合中国人的文化审美需求。富裕人群宁可多花点钱，买国产的手工高端产品，也不愿买英国的廉价纺织品。

由于"穷的买不起，富的看不上"，拥有4亿多人口的中国，看起来是一个庞大的消费市场，却不存在对英国纺织品的"有效需求"。中国对英国纺织品来说，就不是一个"有效市场"，英国的纺织品在中国就卖不动。

英国商人对此很不高兴。他们不觉得是自己的产品不好，反而抱怨是清政府限制英国商人的贸易，让他们在中国赚不到钱。为了解决这个问题，英国商人们选择了向中国走私毒品——鸦片来赚钱。清政府展开禁毒行动，没收并销毁了价值巨大的鸦片。这引发了英国侵略中国的"鸦片战争"。

鸦片战争以前，清政府确实对外国对华贸易有一些限制措施，关键有两条：第一条是欧美国家的进口商品只准从广州进口，不准从其他沿海城市比如宁波等地进口；第二条是外国商人不准进入内地销售商品，只能把商品卖给广州的"洋行"，由洋行再转手卖到内陆地区。外国商人在广州也不能长时间居住，东西卖完了就得离开。

那么，英国纺织品在中国卖不动，主要是因为没有有效的市场需求，还是因为清政府的贸易限制措施呢？

要搞清楚这个问题，理论上，我们可以做一个试验：让清政府取消这两条限制措施，看看英国纺织品的销量会不会有极大的提高。但在实际上，我们不可能做这个试验。

那我们就换一种方法：让清政府的贸易限制措施保持不

变，换一种商品向中国进口，看看销量会不会有变化？

由于时间已经过去了快两百年，要想回过头去让英国商人改卖其他商品也不可能。但我们可以找其他国家的商人做对比，效果也差不多。这个国家就是美国。当时美国商人也想努力打开中国市场，向中国出口商品赚钱。

十九世纪二三十年代，美国刚结束独立战争没多久，国力不算强大。美国也没有很发达的纺织工业，只能向中国出口一些"土特产"。很快，美国商人就发现有两种商品特别受欢迎，销量很好。

第一个好卖的商品是貂皮。这是用来做保暖大衣的绝佳原材料。清王朝是来自东北地区的满族人建立的，那里冬天特别寒冷，用野兽毛皮做成大衣用于保暖是满族人的习俗。其中，貂皮又是兽皮中最好的，既保暖又轻巧。水貂很小，制作一件貂皮大衣需要大约七十只水貂的皮毛。貂皮大衣特别昂贵，只有富有阶层才穿得起，穿着貂皮制品在上层社会是身份和地位的象征。

清王朝极为夸张的贫富差距，让富裕阶层有足够多的钱来购买貂皮大衣。而且，大部分富裕阶层都聚集在大城市，从广州把貂皮运输过去相对方便，运输成本并不夸张。尽管富裕阶层在中国总人口中只有百分之几的比例，但在中国却真实存在对貂皮的"有效需求"。中国的富人群体，就是一个购买力强劲的貂皮有效市场。

美国商人从北美远洋运输而来的貂皮，在广州市场上供不应求，利润丰厚。

为了满足中国富人对貂皮的需求，美国商人在整个北美洲组织猎手疯狂捕猎水貂，几乎将北美洲的水貂捕杀绝迹。

当时在中国市场第二畅销的美国商品是西洋参。人参是中国富人非常喜欢的"补品"和药品，他们相信服用人参可以延年益寿，并可以治疗许多疾病。西洋参就是北美洲出产的一种人参。它跟貂皮一样，以清王朝的富裕人群为销售对象，十分畅销。

美洲貂皮和西洋参的畅销，说明清政府的贸易限制措施并非英国纺织品在中国滞销的主要原因。哪些外国商品在中国畅销、哪些在中国滞销，是中国的市场情况决定的。在当时的中国，缺乏对普通纺织品的有效需求，而存在对貂皮和西洋参的大量有效需求。

这种需求的差异，是市场的结构特征决定的：收入结构和交通结构。

收入结构，就是不同人群的收入水平的差异。统治阶级极其富裕，普通百姓极端贫穷，这就是清王朝的收入结构，决定了普通消费品的有效需求少，而奢侈品的有效需求很高。

交通结构，就是连接不同地区的交通模式。清王朝由于

图 28 《广州十三行商馆》，香港艺术馆藏[1]

---

[1] 图片来源：羊城晚报，《又见十三行｜百舸争流十三行：中西方文明在长达 85 年内的唯一交流中心》，https://ycpai.ycwb.com/ycppad/content/2021-04/19/content_1605703.html

政府官员腐败无能,基础设施建设能力比较差,只有大江大河的港口城市交通比较便利,小城镇和农村的道路通行能力很差,外部商品运输进来成本很高,老百姓的衣食住行等需求主要通过本地商品来满足。

有效市场,只能由有足够的购买力和购买意愿的人群组成。这些人群的收入,以及他们能够接触并使用某些商品的能力,决定了他们能否构成一个有效市场。

怎么样才能创造一个家用汽车的有效市场?除了要有人买得起车,至少还有一点:要有公路。家用汽车必须在公路上跑,如果没有四通八达的公路网络,人们即使有足够多的钱,也不会购买小汽车用于出行。

怎样才能创造一个智能手机的有效市场?至少有一点:要有电和网络信号。没有电和网络信号,智能手机买回来就是一个无用的摆设。

在新能源汽车兴起以前,中国农村地区最畅销的小型车被称为“面包车”,它的外形,就像一个巨大的面包,既能坐人,又能拉货,车身小巧,轻便省油。跟小轿车相比,安全性差一些、动力差一些、坐起来也没那么舒服,但关键在于便宜。农村地区的人们买得起,买来运输货物,偶尔拉人,方便省钱。

这种便宜的小型面包车,从价格来说,应该非常适合卖给比较贫穷的发展中国家。但实际情况完全不是这样:这些面包车很难出口到国外，不管是穷国还是富国，主要就是在中国的农村地区畅销。这是为什么呢？

因为大多数贫穷落后的国家，政府没有钱在贫困地区修建高品质的公路。在这些国家，农村地区和城乡接合部的道路状况很糟糕，要么没有做水泥路面，要么有水泥路面也早就破破烂烂、坑坑洼洼。汽车开在上面，非常颠簸。小面包车便宜，是因为它用的都是普通的材料，车身结构也简单，很容易就被颠坏了，非常不耐用。在中国，政府组织国有企业在农村地区修建了很多很好的公路，还负责日常维护，即使在农村地区，道路情况也相当好。面包车在上面跑起来，不容易坏。所以，它很畅销。而在一些落后国家，面包车再便宜也不敢买，买来用不了多久就会坏掉，维修成本就负担不起。于是就出现了一种反常的现象：越是在贫困地区，越是昂贵的越野车比较常见。这些越野车虽然昂贵，但可以适应各种糟糕的路面，结实耐用。

越野车由于价格高昂，只有富裕人群才买得起。普通老百姓则既买不起昂贵的越野车，也没有条件使用廉价的面包车，只能放弃购买汽车，采用更廉价的三轮车甚至落后的驴拉板车来解决运输问题。

道路系统的结构，决定了大多数穷国的农村地区，不是面包车的有效市场。

有效市场不是天生就有的，它是被人创造出来的。其中，最关键的因素，就是政府提供的公共服务。

经济学家文一在《伟大的中国工业革命》一书中说："市场是一种公共产品。"

曾几何时，西方发达国家努力向中国推销自由主义经济学。这个经济学说认为，市场主要是个人和私有企业的自发交易形成的。自由主义经济学家认为"政府是一种必要的恶，越小越好"。政府除了搞好国防、维持治安以外，其他最好什么事情都不做不管，这样最有利于一国经济的发展。

但中国经济的发展实践，让越来越多的经济学家对这种理论持怀疑态度。越来越多的经济学家相信，国家与国家之间经济效率差异的关键，不在私人部门——也就是私营企业，而在公共部门——也就是政府。有效市场，本身就是政府为国民提供的一种公共服务，或者说是许许多多公共服务的综合产物。

如前所述，中国经济增长世界领先，它跟世界大部分国家的核心差异不在于谁是市场经济体，谁不是市场经济体；或者谁允许私有企业自主经营，谁不允许私有企业自主经营；核心差距之一在于中国政府能够为经济发展创造"有效市场"。

中国是全球最大的汽车销售市场。2022年乘用车销量超过2 300万辆。同时，中国也是全球高速公路通车里程最高的国家。截至2022年末，我国已建成总里程达17.7万公里的高速公路网络。总里程已经雄踞全球第一，且是排名第二的美国的2倍以上。

以高速公路为骨干的公路网络，为家庭用车等各种类型的汽车创造了"有效市场"。只有有了这样一个有效市场，才会有庞大的中国汽车制造业。

有效市场，是一种稀缺物品。

这个世界上，搞市场经济的国家很多，但在创造有效市场方面能够比中国政府更高效的国家不多。

看到这里，你也许会问：那些比中国经济更发达的欧美发达国家，它们的经济发展是否也是源于政府通过公共服务创造了"有效市场"呢？

答案是肯定的。欧美国家在经济上的崛起，起源于15、16世纪的"大航海"带来的地理大发现。欧洲人中，最早绕过好望角到达印度的迪亚士、最早发现美洲大陆的哥伦布、最早环球航行的麦哲伦船队成员，他们的航行活动都是葡萄牙或西班牙王室出资推动的。葡萄牙或西班牙在15世纪通过长期的战争，建立起中央集权的王权统治。王权政府为了开辟新的贸易路线，才组织了大航海活动。这一次地理大发现，开辟了西欧与非洲、印度、美洲、菲律宾、中国（明朝）的新的贸易路线。

欧洲人通过武力控制了这些贸易路线，并且在印度、美洲、菲律宾、非洲等地方建立了殖民据点，然后从非洲抢掠黑人，作为奴隶运输到美洲；在美洲建设种植园，用黑人奴隶劳作生产玉米等农产品；还在美洲开矿，挖掘白银；又把白银运到中国，换取中国的纺织品；再把中国纺织品和印度的香料（胡椒等）运到欧洲销售……组成了人类历史上第一个跨越多个大洲的贸易网络。将原本孤立的许多地方变成了相互联通的有效市场。

王室推动在海上开辟贸易路线，跟政府出钱修路，性质是差不多的，都是通过交通基础设施网络建设来创造有效市场。除了开辟通道以外，欧洲各国的政府还纷纷组织海军，用来保护这些贸易通道，甚至为了争夺航行权而爆发战争。这也是一种维护市场的"公共服务"。

在海上航道开通之前，欧洲也需要香料来加工食物，也需要更精美的衣服，但并不存在一个对香料和高档衣服的"有效市场"，因为他们没有钱。此外，从香料产地印度、服装产地中国通过陆地通道运输到欧洲的成本也太高了。只有在一方面可以从美洲抢劫到足够多的白银，一方面可以低成本从海路把香料和衣服运到欧洲这两个条件得到满足以后，欧洲才成了印度香料和中国纺织品的"有效市场"。

欧洲崛起过程中，政府主导开辟和保护贸易通道的行为，

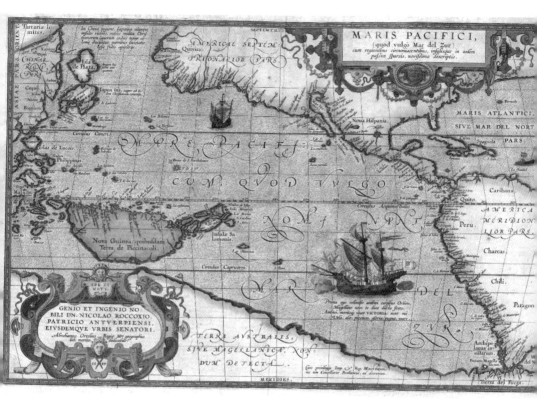

图 29　展现明代海上贸易图景的《最新太平洋图》，亚伯拉罕·奥特柳斯绘 [1]

---

[1]　图片来源：台湾历史博物馆，https://theme.npm.edu.tw/exh112/
Boundless/ch/page-2.html#main

跟中国政府修路的主要差别是：欧洲人建立"有效市场"的主要方式是对外扩张掠夺，在此过程中犯下了殖民侵略、种族灭绝、贩卖人口、奴役劳动等严重的反人类罪行；而中国政府则主要是通过内部的发展建设来获得"有效市场"，在此过程中让数以亿计的人口脱贫致富。但两者都体现了政府主导创造有效市场，从而推动经济发展的道理。

今天这封信就写到这里，下次再聊。

第十五封信：联想的故事

小林,你好:

今天我们来看一家很有名的中国企业——联想公司的发展历程,其中有很多事情直到今天都还充满了争议。

联想公司成立于1984年,那时候它还叫"中国科学院计算技术研究所新技术发展公司"。从名字就可以看出来,它是中国科学院计算技术研究所下属的国有企业。那时候国家财政紧张,计划从1985年开始每年减少20%给计算所的拨款,要求计算所自己想办法筹集一部分科研经费。在这个背景下,计算所拿出20万元成立了这家新技术发展公司,打算做一些技术培训、科技服务、计算机维修之类的业务挣钱。

这些业务能挣点钱,但挣得不多。新技术公司毕竟是中科院计算所的企业,这是中国顶级的计算机研究机构,科研实力强劲,只要能找到合适的突破点,将一些技术转化成商品就能赚大钱。很快,新技术公司就找到了这个突破点——联想式计算机汉卡。

"汉卡"是插在计算机上的一个组件。那时候的计算机芯片内存太小，没办法再增加汉字处理软件。计算所研究员倪光南就想了个办法，在计算机上外插一张新卡，专门处理汉字。这样，计算机才能识别汉字。后来，倪光南又发明了"联想式计算机汉卡"，它不仅能让计算机输入汉字，还能根据前边的汉字"联想"到后边的可能需要输入的字，这就可以节约打字时间。这一招今天已经成了汉字输入法的标准配置，在当年是一个了不起的新发明。

新技术公司邀请倪光南加入，担任总工程师。在倪光南的带领下，公司开发出了可以大规模销售的联想式汉卡。这个产品很受市场欢迎。每张汉卡卖4 000元，利润超过了2 000元。1985年一年就帮公司赚了70万元。

联想汉卡的推出，让计算机在中国成了能有效处理汉字的"微机"。倪光南带领研发团队，对联想式汉卡不断改进，硬件经历了8个型号，软件则更新了数十个版本，始终保持技术和销售的领先水平。到1987年，联想式汉卡的产值已经逼近亿元，从1985年到1994年，联想汉卡一共售出16万套。1989年11月19日，新技术公司也改名为"联想集团"，倪光南担任集团董事和总工程师。

随着芯片技术的进步，计算机上的中央处理芯片——CPU（中央处理器）和内存已经可以直接用软件来处理汉字了。这样，"汉卡"就会被逐步淘汰，退出历史舞台。倪光南看到了这个趋势，从1988年开始，将研究重点转向联想微机的研发。

1989年，联想公司正式推出了自己研发制造的286微机，也就是小型台式计算机。它的CPU等核心部件还是国外产的，但主板等一些重要组件由联想自己生产，是当时国产化程度最高的商用微机，价格也比进口产品便宜很多。接下来几年，倪光南带领联想研发团队，接连推出联想486、586微机，都非常畅销。

联想汉卡和微机，先后两次获得了国家科技进步一等奖。倪光南也在1994年被评为中科院院士。

联想公司凭借倪光南主导开发的汉卡和微机，迅速发展壮大，成为国内知名的高科技企业。1996年，联想电脑成为销量最大的国产电脑品牌。

到目前为止，联想公司的发展看起来都非常顺利，一切都在朝着好的方向发展。但是，在微机研发成功之后，联想公司下一步该往什么方向发展呢？这个问题，在公司高层领导中间引发了巨大的分歧。

按照倪光南的想法，整机和主板都做出来了，品牌也打出去了，接下来就是突破计算机最核心的环节——CPU和内存了。如果能把计算芯片和存储芯片也国产化，联想电脑就为国家做了大贡献，也可以赚更多的钱。因为计算机最大的成本就在芯片，如果能把芯片国产化，联想电脑的成本就会更低，利润空间会更大。

此外，倪光南还提议做程控交换机和打印机。程控交换机是电话通信网络的关键设备，当时主要靠从国外进口，但国内科研机构已经突破核心技术，把样机都造出来了，只是还没有完成产品化。交换机的很多技术跟个人计算机是通用的，联想有做微机的基础，做程控交换机也有优势。打印机是电脑的外设，被日本企业垄断了，联想也可以从计算机技术出发去研发生产。

但是，以公司总经理柳传志为代表的诸多领导层不同意倪光南的想法。他们觉得芯片的研发成本太高了，美国的企业经过几十年的研发，才有了国际领先的市场地位，每年还在持续投入大量的资金研究新技术、推出新产品。中国企业要想在这方面投入、跟美国企业竞争，很难成功，就算能造出产品，也会很快变成落后产品，被美国企业的新产品淘汰。联想公司不应该冒这么大的风险。至于程控交换机和打印机，这都不是联想的主业，试验性地研究一下也可以，但不应该投入太多资金。

柳传志等人认为，联想应该走"贸工技"（贸易—工业—技术）的道路。

联想在卖汉卡的同时，也在代理IBM等外国公司的电脑产品，这就是从贸易里赚钱。这是一门投入最少、来钱最快，基本不需要技术的生意。柳传志主张，应该在此基础上，从贸易往工业延伸——也就是电子产品组装。因为中国物价低廉，劳动力工资很低，应该利用这个优势做好电脑组装，快速卖出去赚钱。在组装过程中积累资金、人才和技术，等到时机成熟以后，再去攻克发达国家的高科技壁垒。这条路风险最小，最有利于企业的持续发展。

科学家出身的倪光南则坚持认为，联想应该走"技工贸"（技术—工业—贸易）的道路，也就是先搞技术研发，取得技术突破，然后去工业化生产，最后把产品在市场上卖出去赚钱，建立品牌——这也就是联想汉卡和微机曾经走过的道路，到目前为止也是相当成功的。

这场"贸工技"和"技工贸"的道路之争持续了很久，双方谁也不能说服谁。最后，只能由董事会投票来做决定。

投票的结果，柳传志胜出。1995年，倪光南被解除了总工程师的职务。从此，联想就在"贸工技"的道路上一直走到了现在。

此后，联想的发展颇为顺利。它的电脑卖得很好，在国内市场占据了领先地位。2004年，联想突然向外界宣布，它以17.5亿美元的价格，收购IBM公司的全球个人电脑业务。

这个决定震惊了整个业界。因为这一年联想公司在全球电脑市场的份额只有3%，而IBM电脑的全球份额是5.4%，几乎是联想的两倍。这次收购属于典型的"蛇吞象"。联想把十多年挣到的钱全部拿出来都不够，还得贴上很大一部分自己的股权。

IBM是美国传统的电脑巨头，曾经一度在美国电脑市场上占据着垄断地位。但它判断，个人电脑这个业务的利润会逐渐下降，它希望能把全部精力投入到服务器、数据库等更赚钱的领域当中，才能在美国科技公司激烈的竞争中发展壮大。因此，它决定出售自己的个人电脑制造业务。

联想当时虽然在全球市场的份额是3%，但绝大部分都是中国市场贡献的，联想品牌在世界上其他国家没有什么影响力，也没有多少销售渠道——简单来说，就是外国消费者不知道联想电脑，在销售电脑的商店和网站上也几乎见不到联想电脑。

到国外去建设销售渠道、树立品牌形象非常困难，需要花很多的时间和钱。联想决定抓住机会赌一把，把所有本钱都压上去，获得IBM电脑在全球的销售渠道和品牌影响力，把这个时间和钱省下来。赌成功了，联想就会成为国际知名的电脑品牌；如果失败了，联想很可能会破产倒闭。

后来的实践证明，这个孤注一掷的决策获得了极大的成功。当时，IBM的笔记本电脑品牌ThinkPad在商务办公领域享有盛誉，联想一方面继续生产IBM的老款笔记本，一方面把自己最新研发的笔记本电脑贴上ThinkPad的牌子，在世界各地销售。由于产品品质过硬，这些贴牌的电脑卖得相当好，没有损坏ThinkPad的口碑。后来，联想又用这个销售渠道直接销售自己的Lenovo品牌电脑，也很顺利。

到2013年，联想成为全球第一大个人电脑生产商，全球销量超过了惠普、戴尔这些曾经非常有名的美国科技企业。到2022年，联想在这个第一名的位置上已经坐了10年。

2022年，联想个人电脑的全球市场份额大约是24%。这是一个巨大的成功。

联想的成功，收购IBM的决策只是一个次要因素。最关键的一点，还是它的产品做得足够好。

联想没有去大力研发电脑最核心、技术难度最高的部分——芯片，但并不是没有做任何技术研发。2021年，联想集团用于科技研发的经费大约是120亿元。在一份"2021年民营企业研发投入排行榜"上，联想的研发经费投入进入前十名。这些钱主要被用在了生产电脑所需的诸多方面——电池与外壳材料、芯片散热、电源管理等等。比如，它的高端笔记本电脑外壳使用了一种被称为"丝绸铝"的材料，就是联想自行研发的，比通用的铝镁合金质感更好，是全球主流电子产品领域首个中国原创的铝合金板材。

过去二十多年，主流笔记本电脑用的几乎都是美国英特尔公司的芯片和微软公司的操作系统，联想在这方面跟其他笔记本电脑厂家是一样的。但它能够在激烈的全球竞争中脱颖而出，主要就是依靠非核心技术的创新研发能力，让它的电脑在使用细节、可靠性、性价比等方面可以领先其他竞争对手。

在早期，联想的电脑工厂大量使用普通工人手工组装。廉价和高素质的中国劳动力让联想的产品获得了巨大的成本和效率优势。这些年，中国劳动者的工资上涨很快，联想通过自身研发和投资，不断改进生产流程，使用了越来越多的自动化技术。现在，联想在合肥的"水星"生产线已成为业界领先的"智能柔性生产线"。这条生产线每天要处理8 000笔定

图30　柔性生产线概念示意图

制化订单，其中80%单笔小于5台。也就是说，它既是自动化生产，同时也是小批量定制化生产。这个生产线由一台高度智能的电脑统一控制，只需要不断将各种需求输入电脑，它就会指挥生产线上的各种机械手臂按照需求组装出不同配置的电脑。

回顾联想几十年的发展历程，它先做好贸易和销售，后做组装加工，再逐步解决技术难点的战略，得到了较好的执行。一个企业的成功，好的战略和在细节上认真细致的执行，是两条必不可少的经验。

看到这里，你或许会想：既然"贸工技"的路线让联想取得了成功，那是不是就证明倪光南的"技工贸"路线就是错误的呢？

如果经济发展、企业管理是我们作业本上的一道单选题，我们当然可以得出这样的结论：既然选项A是正确的，那选项B肯定就是错误的。

但现实世界要复杂得多。我们面对两种选择，有时候，可能两种选择都是对的，也有可能两种选择都是错的。联想在个人电脑领域的成功，基本可以证明它的"贸工技"路线没有错。但"技工贸"路线是否就错了呢？这很难说。如果它一开始就集中力量于核心技术研发，也可能走出一条成功之路，甚至会比今天更成功。

　　我们不可能让时间倒流，改变二十多年前联想董事会的投票结果。但是，我们可以找一个类似的场景，看看有没有其他企业做出过"技工贸"的选择，然后获得了更好的发展。

　　确实有一个企业，它跟联想诞生于同一个年代，也面临过类似的选择，然后走出了一条不同的道路。如果没有这家企业，几乎所有人都会认为联想当年的选择就是最好最正确的。但有了它之后，这个问题的答案就变得扑朔迷离，成了一个引起广泛争议的话题。

　　这个企业就是华为。把华为的发展历程与联想进行对比，是一件很有意思的事情，会给予我们许多关于中国经济发展的有益启示。

　　今天这封信就写到这里，下次再聊。

第十六封信：华为的故事

小林，你好：

这封信我们接着上一封信的话题，来聊一下华为。

华为成立的时间是1987年，比联想晚了三年。成立的地点是中国南方的一座新城市——深圳。这个地方在改革开放以前一直是个大渔村，从未出现过城市。1987年的时候，它的人口才刚突破100万，而此时北京已有超过1 000万的人口。

一个新的城市，一家新的企业。华为的一切都是从零开始的。

华为的创始人任正非，当时是一个四十多岁的中年人，刚因为决策失误给企业造成了巨大损失，被迫从一家国有企业离职。他找几个朋友凑了两万块钱成立了这家公司，具体干什么业务能赚钱也不知道。相比之下，联想甚至可以说是"含着金钥匙出生"：背后有中科院的资金和技术支持，一诞生就有给中科院系统维修电脑的业务赚钱，又有科学家加盟，还得到了汉卡技术。

经过一番折腾，华为终于找到了一块能够养活自己的业务——做电话交换机的代理。它从香港买入一些小型电话交换机。这种小机器可以同时连接几十台电话，组成一个小型的内部电话网络。一些偏远小城镇或者矿山企业非常需要。任正非招聘了一批销售人员，在全国各地推销这种交换机，从中赚取差价。

改革开放初期，中国的民用电话通信网络建设非常滞后，这种小型交换机卖得很好，华为很快就赚了不少钱。不过接下来就遇到一个让人头痛的问题：售后服务。如果机器出现故障，客户就会找到华为要求维修，或者更换一些零配件。这个事情特别麻烦，因为那是香港的机器，没有零配件。维修的话，要送回香港去修也不大可能。华为只能又招聘一批技术人员，把机器研究一下，尽量自己维修。至于零配件，那就多买一些机器，拆成零件备用，但这样成本很高，长期下去受不了。

幸好，当时珠海有国有企业掌握了小型交换机的制造技术，华为就开始尝试用国产零件来替代。时间久了，华为发现香港产品也没啥了不起的，干脆从那家珠海的国企进口全套零件，自己组装成机器卖。卖得也挺好。

过了一段时间，珠海那家企业发现华为的产品在跟自家产品竞争，拒绝再卖零件给华为。这次零件断供是华为发展历史上的第一次危机。它来得很突然，华为已经收了客户很多定金准备发货，不能供货就得赔钱，赔不起就会破产倒闭。任正非没办法，就组织技术人员搞研发仿制，电路板和控制程序全都得自己做。小型交换机技术相对简单，有了之前维修和组装的经验，基本原理还是搞懂了，几十个人熬了几个月的夜，终于突破了，在最后关头把交换机交给了客户。

在三四年的时间内，华为就走完了"贸工技"的道路，做香港品牌交换机代理是"贸"，用国产零件自己组装交换机是"工"，最后自己研发全套技术是"技"。

华为独立研发小型交换机成功，是一个"好人有好报"的故事。如果任正非卖出交换机之后就不管，不负责为客户提供售后维修，他在短时间内可以挣很多钱。那个年代，售后服务的法律和市场规则几乎为零，找理由拒绝售后服务是一件很容易的事。任正非出于做人的良心和责任感，对客户负责到底，才会招聘那么多技术人员来研究交换机。如果他安心做个代理，华为不会拥有独立研发交换机的能力。

自己掌握了技术，华为赚钱的速度就大大加快了。稍微有了点本钱，任正非就开始"赌一把大的"：把挣到的钱全部投入大型程控交换机的研发中去。为此，他又招聘了很多新的技术人员。结果还真研发出来了。

但是，很不幸，新机器刚研发出来，它所采用的技术落后

图 31　中国第一套拥有自主知识产权的大型数字程控交换机 [1]

了。当时中国正在大规模地搞数字化程控交换机，以替换上一代的纵横制交换机。任正非原先以为纵横制交换机还能继续生存至少十年，打算先搞纵横制交换机赚点钱，再去突破数字化交换机。没想到中国通信事业发展太快，纵横制交换机几乎是在一夜之间就被淘汰了。刚研发生产出来的机器卖不出去，华为又把前面赚的钱花光了，这下真是叫天天不应、叫地地不灵了。这是华为发展史上的第二次严重危机。

最后，华为只能选择借债搞研发，到处找人借钱，其中还有一部分高利贷，利息非常高。在研发数字化交换机的动员大会上，任正非对大家说："如果这次研发失败了，你们还可以再去找其他工作，我就只能从这个楼上跳下去。"

---

[1]　图片来源：中国政府网，《程控交换机》，https://www.most.gov.cn/ztzl/kjzg60/kjzg60hhcj/kjzg60gxjs/xxly/200909/t20090911_72768.html

任正非运气不错。通信技术的"国家队"一直在研发数字化交换机，解放军工程学院和邮电部研究所已经把样机做出来了。为了推广这个技术，邮电部在西安开了培训班，不分国有民营，所有通信企业都可以派人来学。华为也派人去了，还顺便从培训班上挖了一些技术人才过来。

有了这些有利的外部条件支持，加上华为技术人员自己的努力，总算把数字化交换机研发出来了。数字化交换机有两个核心技术，一个是光通信，一个是数据处理芯片。华为在这两个方面都取得了突破，尤其是光通信技术，还走到了西门子、阿尔卡特这些西方通信巨头企业的前头。不久以后，华为又专门成立了自己的芯片分公司——海思，继续加大对芯片技术的研发。

由于核心技术能够自主掌握，而且关键领域还是世界领先的，再加上中国劳动力价格低廉，华为数字交换机的综合使用成本（含价格、能耗、运维等）可以做到在同等性能条件下比国外竞争对手的产品便宜一半。新的交换机很快就横扫国内交换机市场，并开始走向国际，与外国通信传统巨头展开竞争。

20世纪90年代初，国内电信局要装大型数字化程控交换机，如果是外商合资企业的产品，需要交钱排队半年才能拿到货；如果是直接进口国外的先进设备，则需要提前一年预付定金。至于国外最先进的型号，则花钱也买不到。华为在交换机领域的突破，让这些问题统统成了历史。国内电话网络的建设成本因此大幅度降低，让越来越多的中国老百姓能够享受现代通信技术给生活带来的便利。

在后续发展过程中，任正非始终坚持一点：每年至少拿出营业额的10%来从事技术研发，确保华为在通信领域的核心技术上始终处于世界领先地位。从实际执行来看，华为每年投入的研发经费几乎都超过了10%，接近15%。

由于坚持核心技术的长期研发创新，华为在全球通信技术进步的过程中，每个阶段都能跟上国际创新前沿，从3G、4G，一直到5G（第五代无线通信技术）。华为不断击败国际竞争对手，成为全球最大的通信设备生产商。在全球5G核心专利排名上，华为在通信设备制造企业中排名第一，占所有5G有效全球专利族的15%左右。

华为在5G领域的强大地位，甚至连美国也感到忌惮。

长期以来，美国企业在全球通信网络中占据着主导地位，美国政府把这种地位看成自己全球霸权的一个重要根基。如果全球通信网络的关键设备主要由一家中国企业生产，那就会不利于美国维持自己的霸权。从霸权主义的思路出发，美国政府从2019年起，不惜采用"国家紧急状态"的借口来对华为进行制裁，禁止它获得任何利用美国技术制成的产品，尤其是高端芯片。这也是美国作为一个全球超级大国，在其历史上第一次用"国家紧急状态"来对付一家企业。美国政府想借此来打垮华为，继续维持本国在全球通信网络中的控制地位。

但是，华为没有屈服，迎难而上，坚持自主研发，连续突破了很多关键核心技术，在被封锁三年之后，制造出了独立于美国技术的高端芯片，推出了完全不包含美国技术、美国无法制裁的新手机Mate 60，打破了全球超级大国的极限制裁，继续在5G领域保持着国际领先地位。这是一个伟大的胜利。

这样一家企业，是令人佩服甚至可以说是令人敬仰、敬畏的。

华为硬抗美国制裁，在中国赢得了举国尊敬。有了华为这个标杆，大家再去看联想取得的成绩，可能就觉得没那么厉害了。

华为和联想有很强的可比性：它们都是电子信息行业的巨头，成立时间差不多，华为还晚了三年。华为的初创资金只有两万块钱，联想不仅创业资金更多，关键还有中科院提供一些固定的赚钱业务支持，起点比华为高很多。两家企业刚开始都靠做贸易代理赚到了钱，然后开始转型做自己的品牌，并很快遇到核心技术受制于人的问题。

华为选择了不顾一切迎难而上，哪怕借高利贷、冒着老板跳楼的风险，也要突破核心技术瓶颈；联想则选择了"绕道而行"，放弃核心技术研发攻关，转而研究非核心零部件的生产,以及整机组装工艺等难度比较低的技术。时至今日,联想的电脑销量占据世界第一好多年,却仍然不能自己设计制造里边最重要、价值最高的CPU、GPU等高端芯片,很大程度上依赖美国。而华为的5G基站和手机的关键芯片,很早就实现了独立自主。

2019年,在这两家企业成立了三十多年后,华为的营业额是8 588亿元,联想集团为3 892亿元,华为比联想高出了一倍多。但这不是两者最大的差距,这一年联想的净利润为36亿元,而华为的净利润为627亿,华为比联想高出了16倍之多。很多人认为,造成这种差距的关键原因,就是华为长期投入核心技术研发,关键技术和核心零件没有受制于人;而联想的营收虽然也很高,但最重要的零部件都需要高价从外国企业那里购买,成本也就跟着提高了。联想通过卖电脑赚的钱,很大一部分通过购买芯片的方式,变成了美国企业的收入。

据此,就有人认为,联想当年赶走倪光南,继续走"贸工技"的道路并不是最佳选择,最佳选择还是倪光南主张的"技工贸"路线。联想搞研发的基础,比白手起家的华为要好得多。华为在自主研发过程中,使用了很多国有企业和研究机构的技术,但主要研发人员都是从高校招聘的毕业生。而联想刚一创业就有中科院计算所的技术支持,有倪光南这种院士级别的科学家当技术带头人。既然华为能够成功，联想有什么道理不能成功呢？

小林，你看，随着形势的变化，我们在上一封信里边看起来理所当然正确的结论，竟然看起来又不那么正确了，这是不是一件很有意思的事情呢？十年前，联想公司在个人电脑领域成为全球第一的时刻，它受到了大家一致的赞誉；谁能想到，还不到十年，联想公司仍然还是全球最大的个人电脑生产商，对它的评价却变得非常有争议了。

在我看来，在任何重要的领域，能够取得全球第一的成绩，都是非常了不起的。所以，华为是伟大的企业，联想也是伟大的企业。绝大多数企业，即使拥有联想公司那样的背景和资源，也无法达到联想所能达到的水平。哪怕什么零部件都不生产，纯粹搞电脑组装来卖，能卖成世界第一，也是了不起的成就——必须要有极高的智慧和非常艰苦的努力，还要有足够好的运气，才可能实现。不要说世界第一，就是第二、第三、第四、第五……但凡能排得上号的企业，就都很厉害，都很值得尊敬。华为是顶级企业中的佼佼者，它的成功经验值得所有企业家学习，但我们不必拿华为的标准来评价其他企业，认为不如华为的就不是好企业。如果是这样，那中国乃至全世界，也没有多少家优秀企业了。

企业发展的道路无法重复，华为在通信领域的成功经验，是否真的可以复制到个人电脑领域，帮助联想取得类似的成功呢？这也是一件很不确定的事情。但它们都是成功的、优秀的中国企业，在各自领域为中国经济的崛起作出了巨大的贡献，这一点毋庸置疑。

　　如果联想当年选择了走倪光南的"技工贸"之路，它会比今天更成功吗？还是会因为投入巨大研发失败而从市场上销声匿迹？这个问题永远也不会有明确的答案。现实世界里充满了不确定性——有些事情，你以为没法解决，其实是因为你没有用尽全力；有些事情，你觉得用尽全力就能解决，最后发

图 32　华为零售门店

现还是解决不了。过去的历史无法重来，我们无法知道"技工贸"属于前者还是后者。

至于倪光南院士，我还想多给你讲两句关于他的故事。

倪院士是一个纯粹的理想主义者。1981年，他到加拿大当客座研究员。之前加拿大科学院的院长访华，在中科院见到了倪光南，见面沟通以后觉得倪光南的研究很有价值，主动提出要聘请他去当客座研究员。这跟国家外派访学不同，外派访学是由中国政府发放国外生活补贴，而客座研究员是加拿大这边发工资。客座研究员的工资按照加拿大的大学教授标准来，每年是43 000加元。按照当时的官方汇率，这大约相当于8万元人民币。而当时国内大学教授的工资，也就每个月几十块钱。

1983年，倪光南的聘期结束，他要想留在加拿大当教授继续拿高工资是很容易的事情。但他毫不犹豫地选择了回国，而且，回国之前，他用自己三年省吃俭用省下来的工资，买了一大堆国外的先进计算机器材。因为买的设备太多，别人回国寄行李都是发包裹，只有他是直接跑到港口去发集装箱。这一批器材设备，都无偿用于中科院计算所的科研工作。联想汉卡和微机的研发成功，就跟倪光南在加拿大的研究和带回国的设备分不开。我们甚至可以猜想，如果没有倪光南的这一大公无私的举动，很可能就没有后来的联想汉卡和微机，也就没有联想公司的成功。

1983年的时候，中国经济还相当落后，国内老百姓的生活水平跟加拿大这样的发达国家相比，差距很大。很多人有公派出国留学的机会时，都会把国家发的补贴省下来一部分，回国的时候买上电视机等国内罕见的时髦商品带回去，给家人改善生活。倪光南挣的钱不是中国政府发的，是加拿大这边的科研机构给他发的工资，完全是他自己的收入。他却全部拿出来购买设备用于国家的计算机研发，这是一种多么宝贵的奉献精神啊。

他这样做是为什么呢？就是为了让中国的计算机科学，能够跟上世界先进水平。

后来，联想汉卡和微机研发成功，联想公司赚了很多钱，倪光南作为最重要的贡献者却并没有拿多少钱。如果他不坚持走"技工贸"的道路，不坚持在联想推动芯片等核心技术研发，以他的功勋贡献，他在联想公司一直当高层是没有问题的。后来，许多参与联想创业的高层都成了亿万富翁。倪光南却一直住在中科院分配的住房里，靠着中

图33　20世纪80年代的最新型号电脑

科院每个月的固定工资生活。对于自己当初的坚持，他也从来没有后悔过。他不屑于为个人谋取任何名利，继续专心于芯片技术的研究，培养了很多芯片技术方面的人才。

2019年，美国开始利用高端芯片技术制裁华为公司，又限制中国进口高端光刻机，想在芯片领域对中国的发展"卡脖子"。这时，人们才再次开始关注倪光南，并对他当年的坚持和远见表示钦佩。

在事关国家长远发展的诸多领域，都有很多像倪光南院士一样能力突出而又无私奉献的人物。他们是中国经济崛起不可或缺的力量。

今天这封信就写到这里，下次再聊。

第十七封信:"冰棍理论"和 "休克疗法"的故事

小林,你好:

20世纪90年代"下岗潮"前后那段时间,可能是新中国历史上人们对国有经济最缺乏信心的时刻。很多的国有企业经营不善,在知识分子和政府官员中,有很多人开始接受这样一种观点:公有制不行了,国有企业注定无法跟市场经济共存,也不可能跟全球化的国际大市场接轨,国有经济垮台只是迟早的事情。为了拯救国家经济,减少政府财政长期为濒临破产的国有企业输血,最好的办法就是把国有企业卖掉。

至于需要卖掉的企业的范围,不同人有不同的看法。有人觉得铁路、通信这些大型基础设施网络的国企不应该卖掉;有人觉得除了大型军工企业,其他国企都应该卖掉;也有人觉得连军工企业都可以卖掉,学习欧洲、美国的模式,政府的武器生产外包给民营企业也没有问题。

那个时候,一些"自由派"经济学家——他们因为崇尚西方新自由主义经济学而得名——提出了所谓的"靓女先嫁"

和"冰棍理论"。

什么叫"冰棍理论"呢？他们认为，国有企业由于产权设计不合理，不可能在市场竞争中胜过民营企业，只会越来越差，就好像冰棍会不断融化一样。唯一的办法就是趁着这个冰棍还没有化完，赶快卖掉，卖得越早越好，等它融化完了就没有卖的价值了。

在"冰棍理论"的基础上，他们提出要搞"靓女先嫁"，越是优质的国有企业越应该早点卖。好资产还能卖个好价钱，而那些长期经营不善的国有企业，是卖不出去的。把赚钱的国企卖掉，财政拿到钱，再去慢慢处理劣质国有企业，直接给职工补偿款然后破产倒闭就可以了。这就好像家里有好多女儿，漂亮的先嫁出去，能拿到好多彩礼，再用收到的彩礼去倒贴钱把不漂亮的女儿嫁出去。

这些理论现在看起来真是可笑啊。但在当时，认可这套理论的人非常多，许多权威媒体也公开宣传这样的理论。

把国有企业卖掉的办法主要有两种：一种是在市场上公开转让，卖给外部投资者；一种是内部人收购，主要是企业的管理层，这叫作MBO（Management Buy-Outs，管理层收购）。

90年代的时候，国有企业资产公开转让的市场还不成熟，民营经济发展的时间也不长，缺乏资本积累，买不起国有资产。那时候，管理层收购比较受"自由派"经济学家们推崇。

在他们看来，公有制企业大量经营不善的根本原因，是"所有者缺位"——就是说，没有一个真正的"企业所有者"对这个企业负责，企业到底是谁的说不清楚。企业管理层是政府任命的，任命管理层的政府官员也会随时调动，谁都不是企业所有者，谁都不对企业发展负有长期责任。企业赚了钱，绝大部分归国家，跟管理层和政府官员关系不大；企业亏了钱，财政会补贴，倒闭不了。这种情况下，就没有人替企业做长远考虑，管理层也不会真心实意地想把企业经营好。相反，民营企业的产权就很清楚，大股东就是公司"老板"，老板跟企业利益长期直接深度捆绑，公司赚了钱大部分是他的，公司亏了钱也是亏他的，他会拼命盯着企业，每天想着创新，生产最好的商品和服务来赚钱，赢得市场竞争。这样的企业才有效率，才能发挥"企业家精神"。

所以，国有企业改革，就是把它变成所有权非常清楚的私有制企业，让企业有"老板"。而最好的办法，就是让企业的管理层变成"老板"——他们最熟悉企业的经营。以前"所有者缺位"，管理层缺乏压力和动力把企业经营好。通过"管理层收购"让他们变成"老板"，不就解决问题了吗？

这套理论听上去好像有点道理，而且它背后还真有西方自由主义经济学理论做支撑，很能迷惑一批人。当时，国有企业经营困难的情况长期普遍存在，它就不仅能迷惑普通人，还能迷惑很多政府决策者,让它变成了真真正正的政策实践。

这套理论的主要问题是:"所有者"并不总是能经营好企业。私营企业的"老板"肯定拼命想搞好企业多赚钱,这没错,但企业经营这个事儿,不是拼命努力就能搞好的。如果靠"想赚钱、害怕亏损"这个念头就能把企业经营好,那我们就会生活在一个人人都是亿万富翁的世界。把国有企业私有化交给"老板"就能把企业搞好,是一种简单粗暴的想法,非常不切实际。

在美国,有很多所谓的"公众企业",它的股权高度分散,不存在基于股权的"实际控制人",也就是没有"老板"。这些企业的股票掌握在很多人或者机构手中,每个单一股东的股权都很低,不超过25%。它们主要由董事会和职业经理人来管理。董事会成员由股东大会选举,公司总经理(CEO)再由董事会任命,他们都只是代理人而不是所有者。

要是"冰棍理论"成立,"公众公司"的董事会和总经理都不需要对企业负最终责任,都不会好好经营企业,这样的企业肯定经营不好。但包括苹果公司在内的许多顶级美国大公司,都没有掌握控股权的"老板",掌握企业经营决策权的都是管理层——他们是诸多小股东投票选出来的代理人。

而且,这种代理关系会有很多层。像苹果公司,它的第一大股东领航集团和第二大股东贝莱德资本都是投资机构。这些投资机构从外部募集资金来投资，机构管理人都不是资金的"所有者"。外部的资金提供者才是"所有者"，投资机构是它们的"代理人"。而这些"资金所有者"跟苹果公司的股东一样，数量极多，任何一个单一的投资者，都无法控制投资机构的高层任免。再往后看一层，这些"资金投资者"，很多本身也是家族基金、银行之类的机构，背后又是一层"所有—代理"关系。

每一层"所有—代理"关系，都会加强"所有者缺位"。代理人都可能会想办法"偷懒"或者"偷钱"。所谓"偷懒"，就是拿着投资者的钱，不好好干活，因为亏了主要不是自己的、赚了也主要不是自己的。所谓"偷钱"，就是想办法用不合法的手段把投资者、所有者的钱往自己兜里装，比如购买设备的时候，找卖家要"回扣"——买设备的钱公司出，用的是"所有者"的钱，卖家拿到钱以后，私下分给代理人一部分，这部分的钱就全是代理人自己的了。

代理的层数越多，问题就越严重。而解决这个问题的办法，绝不是把所有者的钱送给代理人，而是加强竞争和监管。只要市场竞争很充分，代理人就不容易偷懒——偷懒的后果就是企业竞争不过其他企业，经营不善；只要监管充分，代理人就不容易偷钱，偷钱的结果就是遭到法律的严惩。

只要有代理，就会有"所有人缺位"的问题，就可能发生

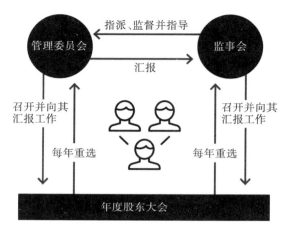

图 34　科技企业 Software AG 的公司管理
结构示意图[1]

代理人"偷懒"和"偷钱"的问题,这跟所有人是政府、机构还
是个人关系不大。当企业比较小的时候,如果有一个"老板"
直接管理公司,代理人问题就不太突出。等企业做大以后,管
理层级越来越多,代理人问题就会越来越突出。对大型企业而
言,无论它的所有者是一个老板,还是有很多股东;无论它的股
东是个人、机构还是政府,都会面临非常棘手的代理人问题。解
决方案不是更换股东,而是加强竞争和完善监管。

对国有企业而言,政府是全国人民的代理人,这是一层代
理关系,这层代理关系通过政治民主程序来确认;然后,政府

---

[1]　图片来源：https://investors.softwareag.com/en_en/corporate-governance/
governance-structure.html

作为出资人和所有者,再去任命管理层对企业进行管理,这是第二层代理关系。两层代理就能说清楚,跟"公众公司"相比,这个基本框架并不会产生更多的"所有者缺位"问题。

按照"冰棍理论"来搞管理层收购,很容易出现道德风险。管理层可以故意让企业出现经营不善,然后低价收购。

比如,一家卖电视机的企业,电视机的市场价是 2 500 元,企业生产一台电视机的成本是 1 500 元,把一台电视机按照 2 000 元的出厂价卖给经销商,经销商再卖给消费者,企业和经销商分别可以从每台电视机赚 500 元的利润。但管理层可以跟经销商私下商量好——甚至经销商本身就是管理层自己控制的公司——把电视机的出厂价定为 1 200 元,卖给经销商。这样,每卖出去一台电视机,企业就亏损 300 元,经销商每台能赚 1 300 元。利润都到经销商手里去了,电视机生产企业巨亏,电视卖得越多亏损越大。

由于持续亏损,这家企业的股权价格就会下跌,它的资产就不值钱了。管理层就可以很便宜地把它买下来。完成私有化以后,再恢复 2 000 元的出厂价,赚到的钱就都归自己了。

这种通过内部操纵故意低估企业价值的办法很多,大部分都非常复杂,足以掩人耳目,只有经过专业的调查才能被发现。我举的是最粗浅的例子。

当年,确实有很多这样的情况:有一些国有企业本来是很赚钱的，一旦管理层发现自己可以通过MBO把企业变成自己的之后，企业就开始爆出巨额亏损、资不抵债等问题。等收购完成，一切又恢复了正常。

从制度设计来看，"管理层收购"是一种很糟糕的做法，极易产生不道德的内部人操纵企业资产估值的问题。在20世纪90年代后期到2003年间的这段时间，受"冰棍理论"的影响，有一大批国有企业以"管理层收购"的方式变成了非国有企业，大量国有资产被私有化。

现在回头来看，90年代末、21世纪初的那几年，国有企业职工"下岗潮"与管理层收购国有资产的浪潮同时出现，是国有企业改革道路上的一段特殊探索时期。国有企业到底应该怎么改，各方面的看法还比较混乱，争议很大，"冰棍理论"大行其道，很多人认为只要把国有资产私有化就是好事情，过程合不合法、道德不道德都无所谓。一些做法在今天看来很不规范，甚至有违法犯罪的嫌疑。

2003年，鉴于改革中出现的诸多问题，中国政府叫停了国有企业的"管理层收购"。把国有资产大规模一次性卖给"职工持股机构"甚至管理层的做法，此后就很难再发生了。

在市场经济条件下，国有企业的资产，跟民营企业一样，应该可以交易转让。但为了防止"内部人"的不道德行为，管理层被禁止大规模收购本企业的股份，这是企业管理的应有之义,不独国有企业如此。即使是非国有的大中型企业,要想保持公司健康运行,也会坚持这样的原则。

叫停了国有企业的"管理层收购"是一个关键的决策,标志着大规模私有化从国企改革的可能选项中被排除了。它也再次向国际国内表明:中国政府绝不会重蹈俄罗斯经济改革的覆辙,在经济领域搞"全盘西化",而是要坚持社会主义道路。这种坚持保障了中国经济的长期稳定发展;让中国走出了一条既不同于苏联式计划经济体制,也不同于西方自由主义市场经济体制的道路。

在国有企业改革方面,俄罗斯是我们的"老师"。这里的"老师"需要打引号,因为它"传授"给我们的是失败的教训,而非成功的经验。

1991年,曾经的社会主义头号强国——苏联解体了。苏联解体有很多复杂的原因,其中很重要的一条,就是它的社会精英——政府高层和高级知识分子等——有很多人迷信美国的政治经济制度,认为美国的政治经济制度是苏联应该模仿学习的对象。苏联最后一任领导人戈尔巴乔夫,努力把苏联的政治体制改革成为美国模式,但没有控制好局势,导致了苏联解体。

苏联解体,分成了15个国家,俄罗斯是最大的一个,继承了苏联绝大部分的国土、人口和资产。新的俄罗斯总统叶利钦,之前是苏联政府的高官。他也很迷信美国的政治经济制度。在模仿美国建立了俄罗斯的政治制度之后，他又开始积极推动在俄罗斯建立美国的经济制度。他任命了一个35岁的自由派经济学家盖达尔担任政府总理，推行改革。

盖达尔之前是一个大学教授，没有任何政府工作经验，疯狂崇拜美国式的市场经济。他一当上总理，马上就高薪聘请几个美国的投资银行家当顾问，开始搞"休克疗法"。

"休克疗法"是美国自由主义经济学家提出的。它主张对计划经济国家搞经济"休克"——突然停止所有经济计划，用最快速度把国有企业私有化。它的理论逻辑是：市场经济等于"私有制加自由交易"，只要满足这两点，经济就一定会发展好。既然目标如此明确，那就"长痛不如短痛"，一夜之间完全消灭经济计划和国有企业，这会让经济暂时停止运行——也就是"休克"一下，过一段时间它就会苏醒过来并恢复正常，改革也就完成了。

盖达尔政府评估了一下，苏联留给俄罗斯的国有企业资产，大约价值4.5万亿卢布（俄罗斯货币）。俄罗斯人口是1.5亿，先拿出三分之一的国有企业私有化，无偿分给俄罗斯全体人民，每人1万卢布。剩下的部分，则通过各种方式拍卖，管理层收购当然也没有任何问题。总之就是怎么快怎么来，尽一切努力让国有企业私有化。

俄罗斯人民每人得到了价值1万卢布的资产购买券。但

绝大多数人没有拿去买资产。那时候大部分俄罗斯人生活困
难，急需用钱。他们不知道如何才能买到国有资产——不存
在一个公开的国有资产股票销售市场，也不知道买了之后又
有什么用——因为当时大部分国企都经营困难，股权分红几
乎不可能。他们只能把这些资产购买券打折卖掉，可以拿到
几千卢布。

几千卢布原本是一笔大钱，可以满足一个普通俄罗斯家
庭很多年的日常开支。但"休克疗法"同时还要放开经济计
划——所有商品放开了销售，商品价格也由商人们自由定价。
有限的商品很快被抢购一空，物价迅猛上涨。俄罗斯政府为

图 35　2023 年，某俄罗斯大型连锁超市内一角

了解决财政困难，疯狂加印钞票，极大地助推了物价上涨。这样，那些拿到几千卢布的普通人，刚准备过上几年能吃饱穿暖的生活，没过几个月就发现，这些钱连一年的基本生活都无法维持。

打折收购资产购买券的多是政府官员和国有企业管理层，他们知道如何购买国有资产。拿着这些低价买来的购买券，他们迅速把国企变成自己的私有资产。这场私有化运动立刻就变成了一个少数权贵精英大发横财的过程。

对此，盖达尔和他的美国顾问们已经有所预料。他们觉得无所谓，因为根据自由派的经济理论，资产在谁手里不影响市场经济发展，市场竞争的优胜劣汰很快就会让企业资产落到具有"企业家才能"的人手里。

但现实与他们的预期相去甚远。国有资产没有进入"企业家"的手中，而进入了贪婪的权贵寡头手中。

与免费赠送国有资产购买券的办法相比，国有企业直接拍卖所导致的问题更严重。

克里斯蒂娜·弗里兰在她的《世纪大拍卖》中讲述的俄罗斯私有化过程中著名的寡头之一米哈伊尔·弗里德曼的经历，能够很好地说明为什么盖达尔的改革不能产生他预期的效果。

米哈伊尔·弗里德曼最初只是一个靠倒卖电影票赚点零

花钱的大学生,有点像今天的"黄牛党"。毕业以后,他被分配到莫斯科附近的一家钢厂工作。

在苏联的戈尔巴乔夫改革时期,政府开始允许个人经营企业。他和朋友们合伙开办了一家清洁公司,专门给各个单位擦窗户。在他的父母月工资只有40卢布的时候,他的月收入就已经超过了1万卢布。

此后,他又开始进入对外贸易领域,从西方进口香烟、香水、计算机、复印机到国内进行销售。

从经济学上来看,这些都是值得称赞的企业家行为。

苏联解体以后,俄罗斯开始了私有化改革。弗里德曼认为这是一个发大财的良机。他利用自己在做外贸过程中建立起来的和西方金融机构的关系,联手收购俄罗斯那些被匆忙私有化的企业。这些企业以非常低廉的价格出售,而从穷人那里收购资产购买券也可以得到很大的折扣。弗里德曼的计划是把一些经营不善的国企低价购买以后进行重组,提高管理水平、更新设备,然后卖掉或者继续经营。

这种想法看起来不错,实际操作起来却困难重重。一个拥有几十年历史的老国企,涉及的内部人事关系、财务漏洞实在是太复杂,稍微做一下变革都会遭到利益受损者——不管是企业管理层、当地政府官员还是企业职工——的强烈反抗。很多企业离开了政府计划采购根本就卖不出产品。

尽管如此，弗里德曼还是从中赚到了一些钱。但这个钱挣得很慢，也太辛苦了。很快，他和他的朋友，也包括参与此事的西方银行家，就认识到问题所在。一位弗里德曼的西方合作者说，在这个过程中，"如果把这些钱放到鲁克石油公司或天然气工业公司，它们会挣到多得多的钱"。

也就是说，他们终于发现，在私有化进程中，去搞什么"引进新技术、开发新产品、开拓新市场、建立新的商业模式、改革内部管理"等等，是很不划算的，太麻烦了。与其从经济建设中获利，不如从掠夺这个国家的存量财富——尤其是俄罗斯丰富的自然资源中获利。

对此，克里斯蒂娜·弗里兰评论道："不久，大多数俄罗斯商人，包括寡头们，都发现最保险的赚钱方式，不是浪费时间和精力去啃硬骨头，改变那些企业的运行方式。真正的摇钱树是抓住俄罗斯巨大的自然资源宝藏——这是一种经济性的觉悟。俄罗斯那些最大的私人财富，正是在这种觉悟的引导下积累起来的。"

这种"经济性的觉悟"，用经济学术语来说，就是掠夺存量财富的收益高于创造财富的收益。

弗里德曼最早的"经济性觉悟"，就是发现买卖香烟、计算机这种生意再赚钱，还是不如出口石油挣钱。他从石油贸易入手，一步一步地力图控制上游行业。他不再收购那些需

图 36　位于俄罗斯的某石油勘探现场

要重组改造的消费品生产企业，而是专注于收购石油企业，与政府官员和外国资本结盟，夺取无须费力生产和开拓市场的石油资源。

为了获得更多的财富，弗里德曼逐步融入俄罗斯"寡头"集团。

1996年，俄罗斯大选，总统叶利钦因为把经济搞得一团糟，支持率很低。根据民意调查，俄罗斯共产党领袖久加诺夫很可能在选举中得票超过叶利钦。为了不让共产党重新执政，那些参与瓜分俄罗斯国有资产的大富豪们——他们被称为"寡头"——秘密联合起来，控制电视报纸等宣传渠道，尽力贬低久加诺夫、美化叶利钦。

最后，叶利钦当选。寡头们得到了丰厚的回报——他们通过内部协议低价将各自中意的国有企业收入囊中。寡头集团的领袖波塔宁获得了俄罗斯第三大石油公司和第一大有色金属公司，还当上了第一副总理。另一位成员，科尔多霍夫斯基获得了俄罗斯第一大石油公司尤科斯。尤科斯石油产地的一个市长，反对这项兼并。结果，这个市长于1998年科尔多霍夫斯基生日这天被暗杀，凶手至今没有查明。而弗里德曼也如愿以偿地得到了他垂涎已久的俄罗斯第六大石油企业——秋明石油公司。

至此，那个努力经营清洁公司和出口贸易的企业家弗里德曼消失了，以低廉的价格掠夺国家的存量财富来一夜暴富的新"寡头"弗里德曼出现了。

国有资产被寡头们瓜分，他们很快就成为资产惊人的大富豪，过上了挥金如土的奢侈生活。他们把钱存进瑞士银行，在伦敦等地购买高档住宅，还有欧美进口的豪车和游艇——其财富就这样被转移到国外。这个过程中，损失最大的是俄罗斯社会的那些中小企业家——那些跟弗里德曼一样靠着努力经营实业逐步成长起来，但是没有转型去掠夺国家资源的企业家。石油等自然资源出口赚的是美元，而国内贸易则主要依靠卢布。由于卢布迅速贬值、通货膨胀高涨、经济社会秩序失控，无数的中小企业破产倒闭，企业主们多年积累的财富大大缩水，甚至负债累累。俄罗斯工业增长率从1997年的1.9%下降为1998年的−3%，居民收入同比下降了10%。

回顾历史，俄罗斯国有资产全面私有化的过程，是一场不折不扣的经济灾难。通过非法手段获得国有资产的寡头们，根本不可能变成善于创造新产品、应用新技术的"企业家"，他们只会想办法挥霍这些资产，然后跟腐败的政府勾结去掠夺更多的国家存量财富——主要是自然资源。

经过全面私有化的俄罗斯经济从此一蹶不振。在1993年之前，苏联以及后来的俄罗斯的经济总量一直高于中国。中国超越俄罗斯的这一年，正是俄罗斯搞"休克疗法"后的两年。1991—1999年，俄罗斯经济总量连续下跌，从超过5 000亿美元跌到了不足2 000亿美元。幸运的是，俄罗斯的军工企业没有被私有化，电力和铁路领域在经过股份化改革之后，国有股份的控制权还在。2000年，俄罗斯选出了新的总统普京。新总统对寡头势力进行了铁腕打击，尤科斯等重要资产被重新收归国有，科尔多霍夫斯基被送进了监狱，寡头们纷纷出逃。这样，俄罗斯国内经济秩序才得到了一定程度的恢复，开始再次进入增长周期，但总体表现仍远不及中国。

2003年，中国政府坚决叫停以"管理层收购"为代表的国有企业私有化进程，跟俄罗斯在"休克疗法"以后的糟糕经济状况有很大的关系。俄罗斯这个"老师"的惨痛失败，才让我们能更好地看清国有企业改革的方向，少走了一些弯路。

国有企业私有化给俄罗斯带来的是劫难而不是重生——一个鼓励对国家财富进行强盗式掠夺的国家，绝不会拥有能培育一流企业和顶级企业家的土壤。而坚决拒绝搞大规模国有资产私有化的中国，在这一时期则持续高速增长，到2022年，经济总量已经是俄罗斯的十倍以上。同时，无论是在国有经济还是非国有经济中，都诞生了一大批具有国际竞争力的优秀企业。

中俄的实践对比表明，公有制经济和非公有制经济绝不是对立矛盾的关系，不是非要消灭其中一方，另一方才能发展壮大。相反，在很多情况下，公有制被消灭，健康的非公有制经济也会跟着倒霉；反之，公有制经济蓬勃发展，非公有制经济也可以享有更好的发展环境。

在俄罗斯，宝贵的自然资源被寡头们占有，政府从自然资源中得不到足够的收入，就只能削减道路、能源等基础设施建设的开支，并加重中小企业的税收，普通企业的生存就变得更加困难。在中国，大型国有企业在能源、通信、交通等领域努力奋战，搭建了非常便利高效的基础设施网络，并且贡献了大量税收，这就为中小企业发展创造了极好的条件；民营企业通过市场竞争赚了钱，一方面为国家创造税收，另一方面创造大量就业岗位，同时为老百姓提供了物美价廉的消费品，让国有企业可以放心剥离许多非核心业务，集中精力投入到关系国计民生的重大战略项目建设中去，两者形成了良好的互补。

中国采取优化结构、抓大放小、加强竞争、完善企业内部治理等多种方式来改革国有企业，是一种比俄罗斯简单粗暴地把国有企业私有化好得多的办法。它也是中国经济崛起的一个重要经验。

今天这封信就写到这里，下次再聊。

第十八封信：任正非分股份的故事

小林，你好：

在前面的邮件中，我给你讲了国有企业管理层收购的故事。有一些国有企业管理者，老想着把企业变成自己的，不然就觉得"吃亏"。一些自由派经济学家，也大力鼓吹管理层收购的合理性，主张企业产权必须要"清晰"——其实就是必须量化到个人头上，企业才有创新活力。其理论根源，则是认为人都是自私的，不是自己所有的财富，就不会用心打理。中国国有企业的成功证明这种理论是错误的，有效的竞争和监管比所谓的"产权清晰"更重要。

我还想再讲一个相反的故事，就是一家本来产权非常清晰的企业，经过多次改革，变成了一家产权"不太清晰"的企业，却发展得越来越好的故事。

这家企业就是华为。

华为是一家民营企业，任正非凑了两万元成立的。最开始，有好几个股东，但除了任正非，其他人都不参与公司经营，等着华为赚了钱靠股份分红。任正非觉得这种情况很不好，

239

就一次性花一大笔钱把这些股东的股份都买回来了，变成他100%控股。企业的产权非常清晰，完全归任正非个人所有。

经过几十年的发展，华为从一家只有两万元的微型企业，变成一家年收入超过八千亿元的巨型企业。任正非的股份也从100%变成了大约1%。剩下大约99%到哪里去了呢？有没有被量化给个人呢？

答案是没有。这99%的股权没有被分给任何一个人。

这部分股权属于"华为控股工会委员会"。它设有七名委员，包括主席和副主席。这七名委员由华为公司各个部门的员工选举产生，会定期更换。在法理上，这部分股份无法追溯到任何一个个人，也就是说，不存在"最终所有人"。按照"冰棍理论"，这种所有人严重缺位的公司，毫无发展前途。

实际情况正好相反，华为是过去三十多年里中国乃至全世界最成功的企业之一。它的成功，跟它"所有人缺位"密切相关。

华为在决定自主研发程控交换机以后，在研发上花的钱很多。从研发到生产出产品卖出去赚到钱，需要很长的时间。研发失败的风险也大：花了很多时间研发出来一个新品，结果卖不出去，那就白花钱了，只能重新再来。这个过程中，研发人员压力大，华为公司资金压力也大。最危险的时候，公司几个月发不出来工资，对外还有负债。任正非没办法，只能承诺：现在的工资都欠着，当成股权，将来有钱了给大家分红。后来，又鼓励员工出钱来购买公司的股份，相当于融资了。只有这样，华为才能在独立研发的道路上生存。

把股权分一部分出去，在早期，是任正非为了生存不得不做的选择。如果不分出去，华为在创业初期就会因为现金流断裂破产倒闭了。

股权分出去以后，效果很好，拿到股份分红权的员工们工作更加积极主动了。

这个道理很容易想明白：员工们变成股东了。以前是挣工资的，准时上下班、完成老板分配的任务，对得起自己领的工资就可以。变成股东以后，分红跟公司利润成比例，公司赚得越多自己拿的分红越多，那就不考虑上下班时间和老板分配的任务了，埋头苦干，反正想尽一切办法把产品做好、卖好，大家一起赚钱。这就叫有了"主人翁精神"。

想通这个道理以后，任正非就更加主动地搞股份的分红权分配：不再把它跟融资挂钩——员工不用出钱买公司的股份，只要工作一定时间，自然就可以拥有分红权。

分着分着，产生一个问题：任正非个人的股权太少，可能会失去对公司的控制权。如果这些股权分出去，拿着股权的员工把它卖掉，有大资本给收集起来，就可能夺取华为公司的控制权。此外，有的员工辞职离开了华为公司，工资是不拿了，但股权在法律上是个人财产，走了之后还可以继续拿分红。把股权都分完了，后面再进入华为的新员工就没有股权可以分。

这样下去，最后，华为还是会变成创业初期的样子：一些人拿着股权不干活，一些人干活却没有公司股权。这种情况，在西方市场经济国家是普遍现象，叫作"资本和劳动力分离"，持有资本的人赚投资的钱，包括股票上涨和股权分红的钱；在公司工作的人，赚劳动力的钱，领工资和奖金。

但中国是社会主义国家。在任正非的青少年时代，中国还是计划经济体制。他所受的教育，比较注意强调资本对劳动者的"剥削"问题，认为一小部分人仅凭借掌握企业股权、不参与企业生产劳动就获得分红，是一种"不劳而获"的行为，对劳动者不公平。受此影响，任正非对资本在企业经营中的负面作用一直比较警惕。他很担心资本拿走太多公司的利润，导致劳动者的付出和收入不成比例——也就是干得太多而收入太低。

为了不让外部资本控制华为，不让一些不参与华为生产经营的资本不劳而获，让真正的华为劳动者能尽可能多拿钱，任正非为华为设计了一种新的股权体系：他个人把99%的股权都让出来，分配给全体员工，自己不当不劳而获的"资本家"；同时，这99%的股权不分配给任何一个个人，而属于

"工会委员会"这个虚拟的机构。员工们得到的都是"虚拟股权"，或者说是"股权分红权"：在华为工作、为华为作出贡献，就可以每年拿股权分红。

分红权跟真正的股权不一样，它不是私人财产，不能买卖转让，在华为工作一段时间之后就会有，工作时间越长、贡献越大分红越多；如果离开华为，分红权一般来说就没有了。工作时间长、贡献大的，离开以后也还可以再拿一段时间分红，但有年限，不会一直分下去，更不能把这个分红权卖掉或者留给继承人。

"工会委员会"不是公司管理机构，只负责持股和分红，不参与公司经营决策。持有1%股份的创始人任正非继续实际控制着公司的经营决策。这样，外部资本无法收购华为股权，不会出现股权变动导致的内部动荡，公司的治理结构可以长期保持稳定。劳动者和资本可有效结合，企业利润不会外流，全部在华为员工中间分配。华为员工收入高、干劲足，公司就发展得好。

华为公司的成功，我认为最重要的就是两条：第一条是每年坚持拿出营业额超过10%的钱来做研发，第二条就是老板把99%的股权都分给了员工。

中国有句古话，叫作"财散人聚、财聚人散"。一个人若是太贪心，把能赚的钱都归于自己，就会没有朋友，周围的人会纷纷离他而去；一个人若是胸怀宽广，善于把钱财公平地分配给跟自己一起工作奋斗的团队，团队的成员就会紧密团结在他周围。华为和任正非的成功故事，就是一个典型的"财散人聚"的故事。

后来，任正非回忆华为的发展历程说："华为今天这么成功，与我不自私有一点关系。"

任正非这种"不自私"的品格，来自他的父母。他的父母有七个孩子，任正非是老大，他从小就要帮着母亲照顾几个弟弟妹妹。20世纪五六十年代，中国经历了一段比较严重的困难时期，粮食极度短缺。不仅国家一直执行严格的粮食配给制度，任正非的家里也要搞"配给制"。每个孩子每顿饭只能吃到定量的食物，每个人都吃不饱，但也都饿不死。作为老大的任正非，必须学会严格控制自己的欲望。肚子饿得咕咕叫，也不能去拿柜子里的食物，不然弟弟妹妹当中就可能有人被饿死。

最后，全家九口人都熬过了艰难的岁月，任正非也学会了如何在"老大"的位置上克制自身欲望、主持公平分配。后来，他把这个能力用到了华为公司的经营上，取得了惊人的成功。

故事讲到这里，我们再一起停下来思考一个问题：西方的自由主义经济学假设人都是自私的，把人的自利性作为市场经济运转的根基。这个假设是正确的吗？

长期以来，有很多人认为，公有制主要建立在人的利他性基础上，私有制则建立在人的自利性基础上。他们又进一步认为，人都是自私自利的，所以，基于私有制的自由市场经济才是最佳的经济发展模式。

但是，在市场经济条件下、在激烈的市场竞争中胜出的华为，它的创始人却说，华为的成功跟他个人"不自私"有很大关系。这该如何解释呢？

中国文化，在很早的时候开始，就非常注重"义利之辨"。义，就是利他，主张个人为了他人和集体的利益，放弃自己的利益；利，就是自利，主张个人一切行动都以个人利益为中心。中国文化一直主张"义"高于"利"，即所谓"君子喻于义、小人喻于利"。那些一切从自身利益出发做事情的人，被视之为"小人"；而为了他人和集体、国家的利益放弃个人利益的人，则是值得尊敬的"君子"。

这看法和立场，似乎跟西方自由主义经济学的观点正好相反，是彼此对立的。

你如何看待这个矛盾呢？你觉得哪个观点更正确呢？

任正非到底是一个中国的"君子"，还是市场经济下利润驱动的"企业家"呢？

显然，他是两者兼而有之，既是一个不自私的人，又是一个追求企业利润的企业家。

几乎每个人的人性中，都包括自利和利他两个方面。自利是一种生物本能，如果一个生物——不仅是人，不会努力为自己谋取利益，它根本就无法生存。不懂得自利的物种，早就在自然界生存竞争中被淘汰了，不可能存活到今天。连一棵树，都会努力扩大自己的根系，以吸取更多的水分，努力长得更加高大，以获得更多的阳光。树木尚且如此，更何况是人呢？

一个人在世界上活着，一定要学会努力照顾好自己和自己的家人，为了自己和家人过上更好的生活而努力奋斗。要勇于通过竞争来为自己谋取合理合法的利益：学生要努力学习，把成绩提高，才能进入更好的大学享受更好的教育资源，而那些成绩不够好的人就会失去这样的机会；工作以后要努力工作，争取多拿奖金、更快地晋升；企业家要努力加强企业管理、改进产品、引进新技术，努力增加企业的利润。这些，都是人性中自利性的体现，也是自利性推动社会进步的方式。

但是，自利不等于自私。只有自利到了不顾他人利益、集体利益的程度，才叫自私。

人不同于一般动植物，是有感情、有理性的高级生物，能够体会他人的感受，也善于做长远的打算。我们在努力照顾好家人的同时，也应该希望他人可以过上幸福的生活。并且，理性也告诉我们，一个人的能力有限，只有加入一个集体，大家共同努力，互相帮助、彼此配合，才能创造更多的财富。在自利的同时，善于为他人考虑，为自己所在的集体利益考虑，这样的人才会取得更大的成就。

所以，我们赞成自利，反对自私；我们赞成市场经济，反对西方那种建立在人性自私基础上的、鼓吹把一切财富都私有化的新自由主义市场经济理论。

一个人要为自己和家庭的幸福而努力奋斗，这种行为在绝大多数情况下，都符合集体的、国家的利益。也就是说，对自己有利的，同时也就是对集体、国家有利的。个人努力工作、艰苦创业，挣工资、赚利润，同时都是在为社会创造财富，两者没有矛盾。但在自己的利益和集体的利益有冲突的时候，要懂得克制，不能自私。任正非创立华为，是为了挣钱养家，不是为了养活几十万人，也不是为了给国家做贡献，但是当华为发展壮大之后，他能克制自己的私欲，把更多的利益拿出来分配给华为的员工，这是他了不起的地方，也是他能做成大事业的根本。中国古人说"穷则独善其身、达则兼济天下"，也包含了这方面的意思。

想必你还记得，我前面讲的那个"最牛钉子户"的故事。如果人人都争当"最牛钉子户"，城市建设等公共事业的推进就会变得非常艰难，国家的发展也就无从说起。从默默支持国家移民政策的普通三峡居民，到任正非这样名闻天下的大企业家，中国有很多这样懂得克制自己私欲的人，他们平时努力工作、养家糊口、独立自强、承担起对家人的责任，不给外人添麻烦；在大是大非面前，又能以国家集体利益为重，自利而不自私。这也是中华民族优良品质的体现。

任何一个组织，都不能忽略组织成员的个人利益诉求，但也都必然要求其成员要能为组织中的其他人和组织的整体利益考虑，确保整体利益优先。只有这样，一个组织才能团结一致，表现出强劲的战斗力，在市场竞争中取得胜利。一个运转良好的市场经济制度，绝不应该是建立在人性自私的基础之上，而应该建立在自利与利他理性融合的基础之上。中国经济的成功、华为公司的成功，都证明了这一点。

今天这封信就写到这里，下次再聊。

第十九封信：公与私的故事

小林，你好：

关于自利与自私的话题，我还想从经济学理论的层面多说一点。它是西方自由主义经济学的理论根基。而中国经济的成功，跟一方面引进市场经济体制，一方面又能拒绝这种错误的经济学理论有很大关系。

西方经济学中，有一个非常著名的案例，叫作"排污权问题"。它假设在一条河流的上游，有一家工业企业，需要往河流中排放工业生产污水。而在这条河的下游，有一个居民社区，居住着很多居民，他们需要饮用这条河的水，工业排污会影响他们的健康。

上游的企业希望尽可能自由地排放污水，下游的居民希望尽可能少地排放污水，这两方面的矛盾该如何解决呢？

传统的经济学理论认为，这是一种"外部性问题"。企业的内部经营不包括污水污染河流的成本，这个成本由企业的"外部人"——也就是社区居民们承担。这样，企业就不会在意河流有没有被污染。要解决这个问题，就需要加强政府监管,由政府来决定企业可以排放多少污水、如何排放等等。一般来说,政府会出台规定,要求企业排放的污水必须达到一定的标准,如果达不到就罚款甚至勒令停产。企业为了不被罚款或者停产,就只能去购买污水净化装置,来减少污水排放。这样,社区居民就可以喝到健康的水,问题得到解决。

政府干预是解决市场经济中"外部性问题"的标准方案。这是传统经济学的看法。

但自由主义经济学家们不这么认为。他们发明了一种"产权理论",说只需要把河流的产权界定清楚,不需要政府来监管和制定标准,问题也可以解决。比如说,政府只需要规定,这条河的"排污权"归社区居民,不经过社区居民允许,谁也不许往河流中排放污水。那么,企业就会自己去找下游的居民协商,它可以每年给居民们支付一部分健康补偿费用,也可以自己购买污水处理装置,把污水处理成干净的水再排放。

反过来,政府也可以规定,这条河的"排污权"归企业所有,它想怎么排就怎么排。这样,社区居民们为了自己的健康,就会去找企业协商,自己掏钱给企业安装排污设备。

这两种情况,效果是一样的,总会有一方掏钱来治理污水。所以,"排污权"划给谁都可以,关键是一定要划给清晰的权利主体,这样利益各方面就可以自己坐下来交易,最后总能解决问题。政府所要做的就是"确权",确定权利归谁就可

图 37　一家位于河边的废水处理厂鸟瞰图

以了,不要搞什么监管、不要去干涉大家的谈判和交易。

　　基于这样的认识,自由主义经济学家们提出了"产权一定要界定清晰"的理论。这个理论更进一步,就被解释为所有财产最好都能清晰地划到个人头上,然后市场交易就能实现效率最大化。他们还发明了一个词,叫"公地的悲剧"。就是说,如果有一块土地是"公有"的,谁都不会负责,就会被荒废或者过度使用。

　　1968年,美国学者哈定在《科学》杂志上发表了一篇题为《公地的悲剧》的文章。这篇文章说,英国曾经有这样一种土地制度——封建主在自己的领地中划出一片尚未耕种的土地作为牧场(称为"公地"),无偿向牧民开放。这本来是一件造福于民的事,但由于是无偿放牧,每个牧民都养尽可能多的牛羊。随着牛羊数量无节制地增加，公地牧场最终因"超载"而成为不毛之地，牧民的牛羊最终全部饿死。

这个故事的真实性值得怀疑。牧民们看起来都是愚不可及的家伙，不能从悲剧中得到任何教训。如果第一年大家的牛羊都饿死了，第二年大家就可以聚到一起来开个会，约定每家养多少牛羊，大家轮流放牧，共同监督，违反者将被集体处罚，这样问题不就解决了？

导致"公地悲剧"真正的原因可能是：封建主们不让牧民们自己开会协商，更不会允许他们设立拥有处罚权的机构，因为这样牧民们就可能联合起来对抗封建主的权威。封建主们宁可让那片"公地"烂掉，也不允许牧民会议之类的组织出现。牧民们只能一盘散沙、盲目行动。经历了牛羊饿死的悲剧之后，他们只能放弃对公地的渴望，认可所有的土地都归封建主所有的现实，继续租借封建主的土地牧羊，并向封建主缴纳巨额的地租。

解决"公地悲剧"的办法，并不是只有把公地分给私人这么一种，通过某种民主形式来设立一个公共机构对它进行管理也是可行的。在"排污权问题"中的那条河流，也不是必须把河流的所有权或者排污权分配给企业或者居民个人，通过政府监管的办法也可以解决。

把"排污权"划给企业以后，企业真的会接受居民们的

"排污装置"吗？如果完全从企业利益最大化的角度分析，答案是否定的。

我们假设，企业一年的利润是1 000万元，安装排污装置的成本是100万元。那么，下游居民出100万元，给企业安装排污装置，问题就解决了。这看起来理所当然，但实际结果很可能不会是这样。

拥有"排污权"的企业，如果要追求利益最大化，就不会因为居民们给它100万元就停止排污。如果居民们的年收入是1 000万元，其中用于吃穿住方面的基本生活开支是100万元，在医疗、教育、购买汽车等提高生活品质方面的开支是900万元，但在喝下被污染的水之后，可能会有生命危险。那么，最符合这家企业利益的方案就是：向居民们索取900万元，以此来换取它停止排污！其中100万元是购买排污装置的成本，剩下800万元，是企业依靠"排污权"获得的新的"利润"。

最后的结果是，企业主继续生产，每年从经营中继续赚1 000万元，然后收取下游居民900万元的"排污权"费用，再花100万元来处理污水，年利润变成了1 800万元。而居民们则不得不被压榨得身无分文，每年的全部收入除了吃饭喝水等维持生存的基本开支以外，全都得交给上游的企业，以免它往河流里排放有毒的污水，危及生命。

反之，如果把"排污权"完全划给下游的居民。下游的居民们会满足于企业只安装100万元的排污装置，就同意企业往河流中排放生产废水了吗？也不可能。他们会要求企业每年给他们1 000万元，也就是全部利润，只给企业留下相当于运行成本的资金。不然就禁止企业排放，让这家企业无法生存下去。

当然，如果企业或者居民们有办法搬走的话，他们就有更多谈判权力，拥有排污权的一方在要价上就得打个折。新的要价必须低于搬迁成本。只要搬迁成本高于安装排污装置的成本，安装排污装置以解决问题的方案，仍然不可能实现，因为只要搬迁费用高于排污设备的安装费，居民就会向企业索取高于排污设备、低于搬迁费的费用。

现实中，还会出现其他更离谱的情况。比如，我国在建立5G通信网络的过程中，很多人相信了一些"伪科学理论"，认为5G基站辐射很强，对人的身体有伤害——这是完全错误的认识。但人口多了，总有一小部分人会相信这种东西。于是，在移动通信公司架设基站的过程中，一些小区中，有那么一两户居民站出来，声称为了孩子的健康，坚决反对在本小区架设5G通信基站。这是一种非理性的态度，给多少钱也不行，因为孩子的健康是无价的。最后，整个小区都没有5G信号。

在"排污权"问题中，也可能出现这种情况：把排污权划给居民。下游居民可能有上百户人家，其中有人可能认为：

不管用了什么装置，工厂排出来的水都会危害健康，而自己家孩子的健康是无价的。所以根本就不谈价钱，工厂必须停产或者搬走。

所以，那种认为把与财产相关的权利一律划给个人，然后让他们自己去谈判交易就可以让经济效率最优的想法，十分幼稚可笑。

几年前，我们学校邀请一个台湾省的经济学教授来讲课。讲课的音响设备不巧在他讲课过程中坏了。在等人来维修的间隙，他半开玩笑半认真地说：你看，这就是"公地的悲剧"——这个音响设备是"公有"的，就无人对它负责，所有人都随便用，不懂得爱惜，它就很容易坏掉。

这段话令我印象深刻。因为它真的是一个很好笑的笑话，说明西方自由主义思想在用多么幼稚的方式来看待这个世界——好像只要把这个音响"私有化"——卖给某一个人，它就永远都不会坏了。

其实，那个音响的"公有制"并不意味着它无人负责。教务秘书很快就打电话让人来修好了。教务秘书就对会议室里边的各种设备负责。这些设备不是她的私产，但她仍然很有责任心。我记得多年前学校的投影仪还是老式的灯泡，寿命比较短。她每次把投影仪搬出来，都要叮嘱使用者用完关机之后，要让灯泡冷却五分钟，再移动投影仪，放回柜子里，为的就是避免灯泡温度过高破裂。如果有人等不够五分钟就收拾，就会被她骂一顿。"公地的悲剧"看起来并没有发生在那个古老的投影仪身上。

当然，如果这个投影仪归某个人所有，它的主人可能会比教务秘书更加爱惜。但会议室里边的音响和投影仪，由于是公有公用，使用频率极高，几乎每天都要被用上七八个小时。就算有些维护不及时，坏得早了一些，它也物有所值了。如果每个使用会议室的人，都要自己去购买一套音响或者投影仪，那才是极大的浪费。

那么，如果把音响设备"私有化"，卖给教务秘书，然后每次使用会议室都要单独付钱，投影仪能否得到更有效地使用呢？付钱租用的人，似乎也没有动力保护好音响设备，花了钱肯定要可着劲儿地用。用得多了，该坏还是得坏。而关于多少钱租用才合理，以及租用以后设备有没有被损坏、是否需要支付损坏赔偿等问题，可能会带来无穷无尽的争吵，把双方都折腾得筋疲力尽。

从实际效率来看，这台设备还是采用"公有制"比较好。不仅在学校应该如此，在很多私营企业，会议室的音响投影也是"内部公有制"——免费供所有员工使用，而不会"私有化"——卖给会议室的管理者。

公有制的财物并不意味着"任何人都可以随便拿来使

用"，它需要有一个代表公共利益的机构来管理，指定人员对它负责。公有制和私有制谁更有效率，主要看这个公共机构的内部运行成本与私有财产的市场交易成本哪个更高。

比如，大部分企业热水间的咖啡机和咖啡粉都是"公有制"的——企业所有，所有员工免费使用。但如果管理不善，就可能经常出现个别员工浪费性使用咖啡、把咖啡机搞坏的情况。导致每个月购买咖啡、维修咖啡机的开支巨大，企业难以承受。遇到这种情况，就有两种解决办法。一种是加强管理，安排人监督检查，对浪费行为采取罚款等方式进行处罚。但监督检查也有成本，监督检查人员可能会偷懒，或者以工作量太大为由要求加工资。于是，有的企业就干脆把咖啡机"私有化"——卖给其他专业公司，内部员工每次使用都要付费，机器坏了也由拥有它的公司负责。这也是一种办法。具体哪种办法效果好，不同的企业不一样，不存在一种绝对正确的做法。

在经济学历史上，就有过一次类似于"咖啡机"的著名争论。美国经济学家萨缪尔森比较支持传统的经济学的"外部性理论"，认为外部性问题市场不好解决，适合政府来管。他说，海边的灯塔就是一个典型的"外部性产品"：它不赚钱，但能为来往的船只指路。所以，最好由公共机构——也就是政府——来建设和管理，而费用则由政府税收支付。

另外一个经济学家科斯不太同意这个观点。他翻遍了历史书,发现灯塔也有过私人运营的情况。在16世纪到19世纪的三百年间,英国就存在过"私人灯塔"。一些私人企业建设了灯塔,然后向附近的港口收费。如果这个港口不给它缴费,就关闭灯塔,附近的海面就会变得不太安全,进入港口停靠的船就会减少。而港口主要靠向船只收取停泊费赚钱。为了能多收泊位费,港口管理方就愿意向灯塔所有者支付一些钱。

科斯的研究证明,灯塔可以采用"私有制"的方法存在。其他经济学家也参与了争论,他们发现:尽管私人灯塔确实出现过,但即使在16到19世纪的英国,它也从来没有占据过重要地位——绝大部分灯塔还是政府在修建和运营。

总的来说,灯塔这种"外部性"很强的东西,还是政府负

图38　始建于19世纪的英国安维尔角灯塔

责更好一些。萨缪尔森的理论总体正确，而科斯则为它提供了有益的补充。

这场关于灯塔的争论，跟"排污权"问题的争论一样，都告诉我们一个道理：这世界上解决各类经济问题的方法有千万种。"公与私"之争，只是其中的一个维度。而从"产权公有"和"产权私有"的维度来看，也有很多种可能性。遇到问题具体用什么方法解决，要根据不同的时代、不同的环境，做实事求是的分析。我们不能头脑僵化，因为相信了某一种理论，就一口咬定所有问题都可以用一种方法解决。

我们以前犯过错误，迷信计划经济理论，认为一切经济问题，都需要通过"公有制加计划经济"的模式来解决。

后来，搞改革开放，引进了市场经济制度，允许民营企业和外资企业参与到经济发展中来。但又有人开始走极端，认为"私有化加自由市场"就可以解决一切问题。

中国改革开放的原则是"摸着石头过河"，就是根据实际情况不断调整路径，不断解决前进道路上出现的新问题。我们不应该再迷信某一种经济学理论，而是把它们当作工具，为了国家强大和人民幸福，综合使用各种工具来达到促进经济发展和人民幸福的目标。这种办法有力地促进了中国经济的崛起。我想，以后中国一定还会按照这个原则继续走下去。

今天这封信就写到这里，下次再聊。

第二十封信："评工分"
与土地承包的故事

小林,你好:

今天这封信,我要跟你讲一下"集体所有制"。这个概念跟西方的财产权制度有很多不太一样的地方。西方的财产权制度是基于个人的,财产权最终都要分到个人头上。个人拥有财产最好理解,你的手机、电脑这些东西都是你的个人财产,可以随意处置,使用、买卖、送人,或者扔掉、砸坏都可以。比个人所有权复杂一点的是"法人"所有,就是设立一个企业,在法律上假设它是一个"人",这个企业拥有它的各种资产,比如厂房、机器设备、办公楼宇,等等。不过,"法人"最终会切分到真正的个人,企业的股权可以分成很多很多份,它的每一份最终总会属于某一个人。

公有制的特点是,财产所有权不能最终追溯到某个具体的人身上。国有制就是政府代表全体人民持有财产,可以直接理解为政府就是国有企业的所有者。政府的财产所有权不能再进一步拆分,分到某一个人手上。"集体"跟"法人"类似，就是法律上的一个组织，它可以拥有财产所有权。但集体企业又跟法人企业不一样，"集体"的财产权不能被继续拆分成很多份的股权划归个人，这个虚拟的"集体"就是财产的最终所有人。集体中有人离开或者去世，或者有新的成员加入集体，都不对集体的财产权发生影响。

中国最常见的集体是"村集体"，它由一个村的村民全体组成。这个集体是村里全部土地的所有者。每一个村集体的成员——农民家庭，都不能把这些土地中的任何一块分出来归自己所有。

现在，农村地区的集体土地大概分为几种。

一种叫"宅基地"，用来给农民家庭建房子的。它划给各个家庭单独使用，每家每户都会根据家庭人口分到一小块，可以在上面建住房，但只能自住或出租，不能把它卖掉。

一种叫"承包地"，用来给农民们种植农作物，"承包权"划分到农户，农户们在自己的承包地上种粮食水果等，收入归自己，可以转租但不能买卖。

还有一种叫"集体建设用地"，这是村集体统一管理的，用来建设村委会办公点、村民活动场所等。有的村集体建设用地比较多，还可以自建办公楼、厂房用来搞经营，赚的钱归集体所有，统一安排用于公共事务比如养老院等，如果花不完，还会把剩下的拿出来给村民们分红。

三种土地中，承包地是改革开放以后才有的。计划经济时代，农村土地是集体耕作，每个村集体下面再分成很多个"生产队"，负责一大片土地耕作。每家每户都要出人参与，生产队根据出工情况"记工分"。

"记工分"是个很有意思的制度。一般来说，一个中青年男子被视为"壮劳力"，他正常劳作一天，就可以得到10分。这是一个全国公认的标准。以10分为标准，如果是高强度劳动，可以增加，比如挖水渠、修堤坝比耕地辛苦，壮劳力干一天可以得到12分。妇女的体力比不上青壮年男子，干一天就只能得到8个或9个工分。儿童和老人就会更少一些。

到了年底，生产队和村集体会把所有家庭的工分做一个汇总，按照工分来分配收成。工分多的多分，工分少的少分。这就体现了"按劳分配"的要求。

集体劳动的好处，是方便修建和维护公共基础设施，比如引水渠、水库等等。一条水渠需要流过很多块土地，大家一起挖比各挖各的好。耕牛以及打谷机等重要且昂贵的农用器械可以公用，不必每家都自备，节约了投入、提高了效率。农忙的时候，比如播种和收割的时节，还可以安排人给大家做饭，不必家家户户自己做，剩下的人都投入到劳作中去，提高工作效率。

在实行这套制度的二十多年间，中国的粮食产量从1953

年的16 683万吨增长到了1979年的33 212万吨，增长了超过16 000万吨，翻了一倍。人均粮食产量也从1953年的283.7公斤增长到了1979年的340.5公斤。

但是，"评工分"也有很多问题，主要是评分的方式和标准比较主观。劳作完了，大家都要坐到一起评议，谁干得多谁干得少，干得多的多得工分、干得少的少得工分。因为这关系到年底的粮食分配，谁家都不愿意吃亏，总会带来很多争议。辛苦工作之后，还要跟人斗智斗勇，这很浪费精力，也会引发很多矛盾。

制定公正合理的打分标准是件麻烦事儿。比如，青壮年男子10个工分，女性就8到9个工分，不符合"男女同工同酬"的原则，好多地方改成了不分男女都算10个工分。但男性体力好于女性是客观事实，都记10个工分似乎也有问题。青壮年男子觉得不公平，就不会全力干活，干得差不多觉得能顶上一个妇女就行了。有一些村集体的工作人员，他们要搞行政事务，不下田劳作，但也要记工分。记多少、怎么记也是个问题：在房间里办公，干了啥大家看不见，可能很累，也可能就是坐着看了一天报纸，说不清。

生产队长、村长等基层干部，有一些人会利用自己的特权，给自己或关系好的人多记，给关系不好的少记。后来，还有的地方把"政治问题"引进打分标准，家庭出身、政治态度等也可以影响工分,这就违反了按劳分配的原则,为基层干部违规操作留下了更多空间。

由于评分标准存在的诸多问题,好多人参加集体劳动的积极性就出了问题,觉得好像干多干少跟得多少工分关系不大,还不如找机会偷懒,少干点还能少吃点饭,节约些家里的粮食开支。或者跟生产队长、村长搞好关系,少干也能多拿工分。这些现象日渐突出,农村粮食生产和经济发展就受到了很大影响。

这样,从1978年开始,一直到1982年,"评工分"制度逐渐被"家庭联产承包责任制"所取代了。新的制度下,集体耕地被划分成很多小块的土地,由各个农民家庭承包,自己耕作,收多收少都归自己。这些土地,就是"承包地"。刚开始,承包地农户还要上交一部分粮食给村集体和政府。后来,国家经济发展好了、政府财政有钱了,就把上交部分取消,村干部的工资和办公经费也由财政负担,农民承包土地什么都不用交,产出收获完全归自己。

经过土地承包,评工分的争议彻底消失。各家各户自己种自家的承包地,想要有好收成就只能全心全意耕作,没有偷懒的空间。此后三十多年,中国的粮食总产量继续增加,从1981年的32 056万吨增加到了2012年的58 957万吨,增加了26 000多万吨。到2013年,则历史上首次突破了60 000万吨。这段时间的人均粮食产量也继续提高，到2012年提高到了人均435.4公斤。

粮食产量的提高，不仅有土地制度的因素，也有种子改良、化肥使用、农机技术的进步等诸多因素。但总的来说，"评工分"和"承包制"，都起到了促进粮食增产的作用。20世纪50年代的时候，农村地区还很穷，农业工具、基础设施、耕牛、肥料都严重不足。其中，水库和水渠是非常重要的农业基础设施，收成好不好，灌溉能力起了关键作用。1949年之前，由于长期的战争，农村地区很少有能用的水库和水渠，农民们种地只能"看天吃饭"，看天上能下多少雨、什么时候下，风调雨顺的时节，收成就好一点，长期不下雨，庄稼就容易枯死。必须改变这种情况，农民的基本生活、全国人民的粮食需求才有保障。只有把农民们组织起来，共同劳动，才能迅速改变农田水利设施严重短缺的状况，靠各家各户自己单干是不行的。

经过二三十年的艰苦奋斗，农田水利设施修建大见成效。农村地区新修了八万多个中小型水库，农具、耕牛的稀缺状况也得到了极大的改善，国家又建了很多化肥厂，增加了肥料供应。有了这些东西，农户的个体生产能力大幅度提高。同时，"评工分"的办法积累了很多弊端，长期得不到解决。中国政府审时度势，推动联产承包责任制改革，再次激发了广大农民的劳动积极性，把我国的粮食产量又带上了一个新台阶。

图 39　现代化的温室大棚喷淋和灌溉系统

　　现在,联产承包责任制改革过去了四十多年。国家的经济情况又发生了很大的变化。

　　由于城市经济发展迅速,大量农民离开农村,到城市里打工。城里工资高,工作也比种田轻松些,还能享受时尚便利的生活,年轻人都喜欢去城里工作,不太愿意留在农村。经过几十年的人口流动,农村地区青壮年人口大幅度减少,能种地的人不多了。于是,政府又开始推动新一轮的农村土地制度改革。承包地可以流转,鼓励种田能手们把缺少劳动力的家庭承包地转租过来,搞"大户种植"。有些地方兴起了新的集体经济组织——合作社,农户们承包地集中起来加入合作社,统一管理、彼此协作,这也能起到节约劳动力的效果。还有一些社会资本直接去农村承包土地，把土地变成了"农业工厂"，用大棚、喷雾、滴灌、无土栽培等方式搞种植，雇用本地农民，按照公司模式发工资奖金。

《三国演义》里有句话，说"自古天下大势，分久必合、合久必分"。新中国的农村土地制度，也有点"分久必合、合久必分"的味道。新中国成立初期，先是"分田分地"，把从地主反动派手里夺取的土地分给贫苦农民；分完以后，又把农民们组织起来，共同使用耕牛和农具劳作，大搞农田水利基础设施建设；基础设施建好了，又改成家庭联产承包责任制，把土地分到各家各户；现在农村人口减少，劳动力不足，又开始通过土地流转等方式把耕地再次集中起来搞大户经营、合作社、农业公司等等。不管如何分分合合，都是在根据形势的变化，让土地制度促进农业的发展和农民增收。这跟中国其他各种制度改革一样，都是在"摸着石头过河"。

尽管具体模式在不停变化，从20世纪50年代一直到现在，农村土地集体所有的性质一直没有改变，没有变成土地私有制。承包地的承包期、租赁期都有年限，村委会可以根据家庭人口的变化，对承包地进行调整，避免农村地区贫富差距过分扩大。

之所以要坚持集体所有的办法，主要还是我们吸取了中国数千年历史的教训。在古代社会，农村土地兼并始终是一个大问题。一旦土地私有化、自由买卖，可能会出现大量农村失去土地、土地快速向大资本手里集中的情况。如果不能遏制这种状况，数量巨大的农民就会失去生活保障，带来严重的社会问题。大量农民进城工作，遇到像国际金融危机冲击等经济波动，他们就可能失去工作。在农村还有宅基地、承包地，他们就还有退路，可以回到农村保障基本生活。

此外，农村地区的集体建设用地一直由村集体统一管理和经营。有很多村集体把这部分建设用地拿来办工厂，经营建设搞得不错，挣的钱甚至比所有耕地加起来还要多。比较著名的像浙江的永联村、江苏的华西村、河南的南街村，等等。

华西村和南街村的集体经济组织控制的公司，都已经公开上市。永联村更是综合发展纺织、化纤织造、花边刺绣、机械五金、电动车制造、汽修物流、快递电商等多种工业，2021年的全村经济总量达到73亿元。

还有些靠近城市的村庄，把集体建设用地租出去给企业当厂房、办公楼，每年租金就是很大一笔收入。这些地方的村民，每年依靠村集体的收入就可以领到数万元甚至十多万元的"分红"，日子过得相当滋润。这也是集体所有制经济给农民们带来好处的体现。

稳定的农村、稳定的粮食供应，为中国经济持续健康发展提供了重要的基本保障。

今天这封信就写到这里，下次再聊。

第二十一封信："扫盲运动"的故事

小林，你好：

今天我来跟你聊一个"网红"话题。

不知从什么时候起，网络上一直流传一个说法，说中国财政供养人员有8 000万人，给这些人发工资占了国家税收收入的40%。传播这个消息的人，基本都隐含一个意思，就是中国政府养的人太多了，如果减少一些，可以节约很多税收，就可减轻老百姓的负担。

这个说法在网络上被人翻来覆去地不断炒作。为了搞清楚它的真实意义，有人专门做了一下详细的统计。2017年，中国全口径财政供养人员总数7 863万人，而中国总人口13.9亿，供养人数占人口的比例是5.66%。同一年，美国相同口径统计的财政供养人口总数为2 232万，而美国人口是3.25亿，财政供养人员占比6.87%。如果不算邮局、公立医院、学校、公用事业等非政府部门的员工，只算直接的政府雇员（把在政府大楼里做卫生和看大门的都算上，不仅是公务员），中国是2 286万人，占人口的1.64%；美国的政府雇员是1 344万人，占总人口比例是4.14%。无论从哪个统计口径来看，中国财政供养人员的比例都要低于美国，并不算高。

很多人一听到"财政供养人员"，就会想到政府公务员、警察和军队。其实这部分财政供养人员的数量并不是主要的。在中国，财政供养人数最多、领取工资数量最多的群体是——老师。

中国的教育系统，从幼儿园、小学一直到中学、大学，都是以公立学校为主。公立学校不仅数量多，教育质量也好。各地升学成绩排名前列的中小学和著名的大学，基本都是公立学校。目前，中国有专任在校教师1880万人，这还不包括各种培训机构的培训老师。这些专任教师绝大多数都是"财政供养人员"。而中国政府的公务员，始终保持在七八百万人的水平，其中还包括了大约两百万军人和两百万警察。真正在各级政府办公的公务员，只有不到400万人。财政供养的教师数量，是政府公务员的好几倍。教师工资的开支在财政开支中的比例，远远高于政府行政开支。

我在网上随手找了一个县的2022年财政收支情况——中国各级财政的收支情况都是公开的，可以很方便地在网络上找到它们的收支明细。湖北省宜宾市下边的一个县，2022年的县级财政开支是21.6亿元，一般公共服务支出是2.3亿元。这2.3亿元主要就是政府的行政办公费用，不仅包括政府的各级部门，还包括了人大、政协、党团、社会团体等方面的开支。公共安全开支是九千多万元，包括了警察、司法部门的开支。这些开支里边大部分用于给公务员和其他政府雇员发工资。而它的教育支出是3.7亿元，大大高于一般公共服务和公共安全开支。这部分开支，主要就用于给中小学老师发工资。

这种情况在地方财政中是普遍现象。我在2019年曾经到成都调研当地的经济情况，当地某个县的财政局工作人员也给我看了一份他们的财政收支情况：教育支出大约是12个亿，当年县财政总开支大概是60个亿，教育支出一项就占了五分之一，也是最大的一项开支，超过了一般公共服务和公共安全开支这两项之和。

用财政的钱给老师们发工资，是很合理的开支。它也说明，中国政府非常重视教育尤其是基础教育。"再穷不能穷教育"是政府官员们经常说起的一句话，这并非一句空洞的口号，而是体现在了实打实的财政开支里边。我的父亲是一位西南山区的乡镇中学老师，他的工资就是从这部分财政支出里边来的。在偏远的乡镇，一个公立学校的教师职位是当地人心目中的理想职业，收入稳定可靠而又广受尊重。长年累月的大笔财政开支，供养着一支上千万的教师队伍，让他们专心从事教书育人的工作，无数的中下层老百姓的孩子才能享受到良好的教育。

经济发展，从根本上来说，要依靠人民素质的提高。其中，科学文化知识方面的素质，是极为重要的方面。发展教育很费钱、短期内还看不到成效。即使是最基本的小学和初中教育，也需要花费九年的时间。中国地方政府的任期都是五年一届，很少有官员会在省长、市长、县长的位置上连续待十年以上。对教育的投资，十年以内基本不可能看到成效，也就是说，就是没有办法"出政绩"。要把教育做好，靠政府官员个人利益驱动是不行的，必须要有真正的爱国热情和对天下后世强烈的责任心。

中国是历史悠久的国家，文化教育一直非常发达。但在历史上，经常因为改朝换代的战争，让老百姓失去接受教育的机会，社会文化水平陡降。最近的一次，是清王朝统治时期。清王朝是来自北方的少数民族建立的政权，他们的文化水平比长期居住在中原核心区的汉人要低很多。为了维持统治，清朝统治者采取了"文字狱"来对付百姓，焚烧毁禁了很多图书，让中国在科学文化方面陷入停滞甚至倒退。从清朝中后期一直到新中国成立，又经过了百年战乱，老百姓要生存都很困难，没有能力供养孩子读书学习。新中国成立的时候，全国5.5亿人口，其中有4.4亿是文盲，文盲率高达80%；那些勉强认得几个字的人，大多数学历也很低。全国人均受教育年限仅有1.6年。如果这种情况迟迟得不到改观，中国经济的崛

图 40　广东佛山清晖园的真砚斋，展现了中国传统私塾的样貌

起、中华民族的复兴就绝不可能实现。

　　新中国成立以后，中国政府立刻开始了大规模的“扫盲运动”。1952年，中国开始了第一次大扫盲；1956年，周恩来总理号召全国人民“向现代科学文化进军”，又掀起了第二次扫盲运动高潮；两年后，陈毅元帅在有关会议上说：“扫盲是使6万万人民睁开眼睛的工作，非干好不可。”第三次扫盲运动开始。此后扫盲成为一项长期工作，一直在各地持续开展。

　　在历次扫盲运动中，整个国家的基层干部都被动员起来，投入到帮助人民群众学习识字的工作中去。扫盲班遍布中国的每一个角落，工厂、农村、部队、街道，即使是在西北边陲的慕士塔格雪山脚下，也开起了扫盲班。在青海、西藏等放牧地区，也有老师带着识字课本去给牧民们上课。

尤其重要的是，新政权坚决推动男女平等，女性也能获得跟男性一样的学习识字、接受文化教育的权利。这是中国历史上从未出现过的。

根据中国教育部统计：从1949年到1965年，全国共扫除文盲10 272.3万人，年均扫盲604.3万人。同时，开始全面普及小学基础教育。1966年，适龄儿童入学率高达80%以上，文盲现象得到根本性的扭转。这样的文化教育普及速度，是人类历史上从未出现过的奇迹。

新中国的扫盲运动持续了超过半个世纪。1986年，又开始逐步建立九年制义务教育制度。由于中国是世界人口第一大国，早在1982年人口就突破了10亿，扫盲和义务教育的推进速度必须非常快，才能超过人口增长的速度。一直到21世纪初，中国才实现了基本普及九年义务教育、基本扫除青壮年文盲的战略目标，全国青壮年文盲率降到4%以下。2018年，中国的人均受教育年限从1949年的1.6年增加到了10.6年。

我记得我读小学、初中的时候，那是20世纪90年代了，九年制义务教育普及率已经很高了，但也会时不时地遇到一个现象：班上某个同学突然消失了，看不到他来上学了。一般这种情况，就是这个同学的父母不想让他来读书了。

　　我就读的中小学都是乡镇学校，很多农村子弟。农村地区家里比较穷的，总有人觉得上学读书没什么用，不如用读书的时间帮家里干点农活，减轻家里负担。发生这种事情，就会有老师周末翻山越岭去“家访”，到这个学生家里了解情况，努力劝说家长同意孩子返校。

　　大部分临时退学的同学，经过老师们的家访，后来又都回来接着念书，至少是把初中读完了。这就算完成了九年制义务教育。不过，完成以后，由于成绩不太好，考不上高中或者职业技术学校，也就只能回家继续帮父母干农活。我初中毕业之后，去县里读高中之前，去几个平时玩得最好的同学家里，跟他们告别。他们都是拿着锄头跟我聊天。送走我以后，还要接着去地里干活。我走出去很远，回头看到他们在地里干活的样子，心里十分难过。那时候我也疑惑，他们读个初中是不是白读了？反正最后耕地也不需要读书写字，何必浪费那么多时间呢？我的那些朋友们也有类似的疑惑。

　　过了几年之后，这些同学们几乎都没有留在农村的了，都到城里打工去了。也有出去读了一段时间职业技术学校，再去工厂打工的。对城里的工厂而言，初中学历几乎是一道门槛，这样才能熟练阅读技术培训手册和规章制度，具备基础的学习和书面沟通能力。如果是一些技术要求高一点的岗位，还需要有职业技术学院的多年培训才能上岗。这个时候，基础教育的意义才显现了出来。

有些外国的"发展经济学家"把中国改革开放以后几十年的增长动力归因为"人口红利"。他们用非常简单的经济学模型来研究中国经济，认为发展中国家的经济增长主要依靠资本和劳动力的结合。资本就是钱，用钱购买土地、机器设备、雇用劳动力，把企业组织起来搞生产。所以，中国的经济增长的主要动力就被简单解释为：外国的资本进来，带来先进的技术设备和管理经验，跟中国十多亿人口的"廉价劳动力"或者叫"农村剩余劳动力"结合起来，创造出了新的财富。

这套解释方式从表面来看好像有些道理，但世界上人口众多而又经济欠发达的国家有很多。人口多有时候不是优势，反而是巨大的负担。人均土地少，粮食不够吃，国家容易陷入赤贫，没有多余的劳动力和资源拿来发展工业等更高级的产业。所以，人多不一定会产生"红利"，反而有可能陷入低水平发展的怪圈。"人口红利"为什么能在中国被发挥出来呢？

有几个原因，首先是中国人民吃苦耐劳、重视教育、头脑聪明，基础素质很好。这个在前边讲过。但仅有这些优良传统还远远不够，优秀的素质必须要跟科学文化知识结合起来。像清王朝那种以"文字狱"为代表的愚民政策，压制科学文化传播，老百姓再怎么吃苦耐劳、重视教育，也只能努力种地多收点粮食、多养活点人口，要想富裕起来是不可能的。清王朝统治时期,欧洲爆发了工业革命,而中国则长期陷入发展停滞的状态,这是一个极为深刻的历史教训。

现在,有很多人口众多的发展中国家,它们虽然不存在清王朝那样的文化愚民政策,但也不能像新中国一样,在非常贫穷的状态下,就通过广泛、深入的社会动员来开展"扫盲运动",快速提高全体国民的受教育水平。缺乏文化知识的人口,就不能或者说很难转化为"人口红利",而是会掉进"低收入陷阱"。

所谓"低收入陷阱",简单来说,可以形象地描写为"越穷越生、越生越穷":穷人缺乏生活保障,为了能老有所靠,只能多生孩子。孩子生多了以后,就只能给他们提供最基本的食物让他们活着,没有多余的钱去供养孩子上学、接受教育,人口素质始终停留在极低水平。这些孩子长大了,只能继续从事最简单的农业劳动,继续穷下去。由于人口增加了,人均拥有的土地等资源数量还会减少,所以下一代就比上一代更穷。这就会形成一个恶性循环。

要打破这样的恶性循环,就必须有政府为代表的公共机构强力介入,强制把一部分资源用来为贫穷家庭的孩子提供优良的教育,提高他们的科学文化水平,这样他们才有机会去从事收入更高的工作,同时也为国家产业升级提供更高素质的劳动力。

只有产业结构和劳动力素质同步提升，才能让国家经济进入良性循环，打破"低收入陷阱"。

"人口红利"的说法，看起来是在试图解释中国经济崛起的原因，其实是在贬低中国的发展。它很容易误导人，让人觉得中国崛起就是靠人多，而且是多到几乎要经济崩溃的程度，要感谢外国的资金、技术这些好东西，帮助我们把"剩余人口"变成了"红利"。

真实的情况是，中国人民和中国政府，在贫穷落后的条件下，大力投资于"人力资源"，家庭把大量开支用于子女教育、政府将大量财力用于从小学一直到大学的教育体系建设，政府和家庭共同努力，经过好几代人的省吃俭用、艰苦奋斗，彻底改变了中国人的知识面貌，这才是从根本上提高了中国社会创造财富的能力。其他的各种外来的资金、技术，都只是辅助性的力量。

从21世纪初期开始，中国的沿海大城市就开始出现了"用工荒"，农村已经几乎没有什么"剩余劳动力"了，很多工厂招聘工人的工资一涨再涨。但中国经济又高速发展了二十来年，也看不到停下来的势头。而且，过去二十年发展最快的行业，已经不再是那些依靠劳动力进行组装加工的普通制造业了，而是电脑、手机、软件、互联网、汽车、新能源等高技术产业。这些产业的就业门槛很高，主要岗位一般都要大学以上学历，研发岗位则往往需要硕士甚至博士学历。很显然，"人口红利"支撑中国经济增长的说法站不住脚了，人们又发明了一个新词，叫作"工程师红利"，来解释21世纪以来的中国经济增长。

"工程师红利"这个词比"人口红利"好很多，因为很明显，工程师不是靠多生孩子就能生出来的，必须经过后天严格的理工科教育才能培养出来。由于中国政府持之以恒在教育领域的大力投入，合格的中国工程师数量持续猛增。过去二十年，中国平均每年会培养出大约400万理工科毕业生，稳居全球第一，而美国则平均只有二十多万，此外它还会从世界各国引进大约十万，总共也就是三十来万。中国每年新增的理工科毕业生数量是美国的十倍。这股力量，是中国在诸多高科技领域追赶甚至超越美国的基础。

中国理工科毕业生的工资水平比美国要低很多，但他们的知识能力并不差。这就形成了我们的"工程师红利"，即各个企业可以用很低的成本获得受到良好的理工科教育的人才，这让中国企业取得了相对于外国企业的巨大优势——主要就是研发成本可以很低。

1994年，华为老板任正非去美国考察其高科技企业发展。那个时候华为还很弱小，营收刚刚突破10亿元人民币，跟美国的科技巨头们比起来，区别如同蚂蚁和大象。任正非感慨华为与美国先进企业之间相比，几乎是全方位的落后——产品落后、营收落后、技术落后、管理模式也落后。

考察以后，任正非决心全力学习美国先进技术和管理经验。同时，他也说了一句："值得庆幸的一点是，我们的员工个人素质都不比美国公司差。"人员素质，是任正非把华为跟美国高科技企业做了比较之后，唯一有信心的方面。

图 41　5G 通信基站信号发射塔局部

后来,华为在与美国高科技企业的竞争中不断取得胜利,自己独立研发的程控交换机把外国巨头的产品逐步挤出中国市场,然后又去夺取更多全球市场的份额,终于成长为世界最大的通信设备企业。又在5G标准的制定中拔得头筹,成为掌握全球最多5G核心技术专利的通信设置制造商。还能面对美国举国之力的科技制裁,从容应对,打破了美国对其芯片技术的封锁。能取得这些成绩的根本原因,我们现在回头看,也就还是任正非的这句话:"我们的员工个人素质不比美国公司差。"当然,这里的"员工"应该也包括老板任正非自己,他也是中国的理工科教育培养出来的人才。任正非毕业于重庆建筑工程学院,这是一所在新中国成立三年后组建的理工科大学。

经济的竞争,归根结底是人的素质能力的竞争。只要我们的人的素质不比其他国家差,即使在经济上、科学技术上、管理模式上有暂时的落后,也可以通过快速学习别人的先进经验和技术、通过努力奋斗探索创新,很快就赶上来。中国崛起的过程,就是对这个道理的生动阐释。

今天这封信就写到这里,下次再聊。